L'évolution constitutionnelle et juridictionnelle de la République centrafricaine à travers les textes

Collection « Études africaines »

dirigée par Denis Pryen et son équipe

Forte de plus de mille titres publiés à ce jour, la collection « Études africaines » fait peau neuve. Elle présentera toujours les essais généraux qui ont fait son succès, mais se déclinera désormais également par séries thématiques : droit, économie, politique, sociologie, etc.

Dernières parutions

Ousseynou FAYE, *Les tirailleurs sénégalais entre le Rhin et la Méditerranée (1908-1939)*, 2018.
Jean-Paul MWENGE NGOIE, *L'enfant, cet oublié du divorce ou de la séparation parentale en Afrique subsaharienne*, 2018.
Laurent GAMET, *Le droit du travail ivoirien*, 2018.
Bakary CISSÉ, *L'épreuve orale de culture générale, Préparation aux concours d'entrée de l'ENA et de la Fonction publique, Tome 1 : Connaissance de l'environnement ivoirien ; Tome 2 : Problèmes majeurs de la société contemporaine*, 2018.
Jacques KABEYA I. TENDA, *Entreprises publiques, en République Démocratique du Congo, La nécessité d'un cadre de bonne gouvernance axée sur la responsabilisation et la performance,* 2018.
Diensia Oris-Armel BONHOULOU, *Le terrorisme international existe-t-il en Afrique noire ?, Essai,* 2018.
Augustin RAMAZANI BISHWENDE, Di-Kuruba Dieudonné MUHINDUKA (dir.), *Les Bavira entre tradition et modernité*, 2018.
Claude KAYEMBE-MBAYI, *Verrous et contrôles constitutionnels en Afrique. Pour des mécanismes efficients*, 2018.
Marie Romuald POUKA POUKA, *Politiques publiques et PME au Cameroun. Les impacts de la Bourse de sous-traitance et de partenariat sur la performance des PME dans le secteur industriel*, 2018.
Issofou NJIFEN, *Allocation des ressources humaines et stratégies des acteurs sur le marché du travail, Concept de surqualification et évidence empirique au Cameroun*, 2018.
Marie Désirée, SOL AMOUGOU, *Minoration linguistique, Causes, conséquences et thérapie*, 2018.

Danièle Darlan

L'évolution constitutionnelle et juridictionnelle de la République centrafricaine à travers les textes

Préface de Jean-Dominique Pénel

L'Harmattan

5-7, rue de l'Ecole-Polytechnique, 75005 Paris

http://www.editions-harmattan.fr

ISBN : 978-2-343-15418-3
EAN : 9782343154183

Dédicace

À mes collègues enseignants et juges constitutionnels

À tous ceux qui ont été mes étudiants

Remerciements

À mes enfants Rachel, Aline et Igor et à l'ensemble de ma
famille
pour leur soutien et leur affection

SOMMAIRE

ABRÉVIATIONS UTILISÉES

ANE	Autorité Nationale des Élections
AEF	Afrique Équatoriale Française
AOF	Afrique Occidentale Française
CEEAC	Communauté Économique des États de l'Afrique Centrale
CEMAC	Communauté Économique et Monétaire de l'Afrique Centrale
CMRN	Comité Militaire de Redressement National
CNT	Conseil National de Transition
CNPP	Conseil National Politique Provisoire
CSM	Conseil Supérieur de la Magistrature
FACA	Forces Armées Centrafricaines
JOAEF	Journal Officiel de l'Afrique équatoriale Française
JORCA	Journal Officiel de la République Centrafricaine
JORF	Journal Officiel de la République Française
MLPC	Mouvement de Libération du Peuple Centrafricain
MESAN	Mouvement de l'Évolution Sociale de l'Afrique Noire
OPJ	Officier de Police Judiciaire
PCA	Poste de Contrôle Administratif
TGI	Tribunal de Grande Instance
TI	Tribunal d'Instance
RCA	République Centrafricaine
RF	République Française

Préface

Madame Danièle Darlan appartient à une famille fort connue en République centrafricaine. Son père, Georges Darlan (1920-1965), élu en 1946 au second collège des non-citoyens du Conseil Représentatif de l'Oubangui-Chari en sera le président de 1949 à 1952. Son oncle, Antoine Darlan (1915-1974), lui aussi élu en 1946, aura la particularité : d'une part d'avoir été le *seul* Oubanguien à être réélu dans toutes les Assemblées suivantes jusqu'à la veille de l'Indépendance ; d'autre part d'avoir, sans discontinuer, représenté l'Oubangui-Chari à l'Assemblée de l'Union Française à Versailles de 1947 à 1958 ; et, enfin, d'avoir créé la section oubanguienne du RDA (Rassemblement Démocratique Africain), dont les rapports avec le MESAN (Mouvement d'Évolution Sociale de l'Afrique Noire), le parti créé en 1949 par B. Boganda, furent complexes et délicats.

Parmi ses frères et sœurs, il faut au moins citer Thierry (1949-1995), auteur-compositeur interprète et créateur en 1974 du groupe *Musiki*, qui eut un succès populaire considérable en Centrafrique[1].

*

La carrière de Madame Danièle Darlan est principalement consacrée au **Droi**t tant comme enseignante que comme praticienne, ce qui lui donne une expérience complète dans son domaine :

L'enseignement

Depuis sa thèse de Doctorat en Droit Public (spécialité Relations et Coopération internationale), soutenue en 1978 à Aix en Provence, elle a suivi un itinéraire qui l'a amenée à enseigner, de 1982 à 2004, puis de 2009 à 2018, à la Faculté de Droit et Sciences Économiques de l'Université de Bangui

---

[1] Sa très belle chanson *Les Martyrs* étant une des rares à avoir porté publiquement un jugement sur les événements de 1979 dont furent victimes des jeunes adolescents centrafricains.

- faculté qu'elle dirigera de 1983 à 1986. En même temps, elle a gravi les échelons universitaires (Maître Assistant, Maître de Conférences, puis Professeur en 2000) et assuré l'encadrement et la direction des étudiants (mémoires de master, thèses). Elle a, en outre, participé de 1993 à 2004 au jury du concours d'Aptitude à la Profession de Magistrat en Centrafrique.

La pratique du Droit

Les circonstances ont conduit Madame Danièle Darlan à avoir une expérience concrète de l'usage du Droit
- comme *avocate* au Barreau centrafricain (1995-2004) ;
- comme *juge de proximité* au deuxième arrondissement de Paris et *assesseur* au Tribunal correctionnel au TGI de Paris de 2005 à 2008 ;
- comme *juge constitutionnel* à la Cour constitutionnelle centrafricaine pendant la période de Transition de 2013 à 2016 - elle en sera vice-présidente, avant de devenir Présidente de cette même Cour depuis 2017.

Dans ce cadre, elle a publié depuis 1983 plus d'une vingtaine d'études et de rapports sur toutes sortes de sujets, et plus particulièrement sur les femmes, les enfants, les Droits de l'Homme, la situation de la Centrafrique et de la sous-région, etc.

A cette longue expérience juridique, s'en ajoutent bien d'autres :
- dans le **secteur privé**, puisqu'elle a dirigé une société de presse à Bangui (1980-1982) ;
- dans le **secteur public**, puisqu'elle a été chargée de Mission au Ministère de l'Éducation Nationale (1986-1991) et à la Présidence de la République pour les questions sociales (1991-1993) ;
- et dans le **secteur des organisations internationales**, puisqu'elle a été chargée du Programme Éducation/Femmes pour l'UNICEF en Centrafrique.

En outre, comme tous les Centrafricains et Centrafricaines, elle a traversé les douloureuses et très difficiles situations que le pays a connues depuis la chute de Bokassa en 1979.

*

Sa nouvelle fonction de Présidente de la Cour constitutionnelle apparaît ainsi comme le couronnement d'une carrière déjà bien remplie et diversifiée, et c'est en même temps la valorisation du rôle de la Femme qui devient gardienne et garante de la légalité des actions de l'État et des personnes qui le représentent. Cette place particulière lui impose des responsabilités bien plus lourdes qu'auparavant. Parmi ses nouvelles taches, certaines tiennent donc à la surveillance de la bonne application de la Constitution, travail particulièrement exigeant, et parfois périlleux ; d'autres sont liées à l'obligation de faire connaître les institutions du Droit et de la Justice et de communiquer publiquement à leur sujet. Ayant consacré à l'enseignement l'essentiel de ses activités, il lui a paru, en effet, nécessaire et logique de donner aux étudiants et au grand public un tableau synthétique et clair de l'évolution du système constitutionnel et du système judiciaire en partant de la colonisation française jusqu'à l'année 2017. Que s'est-il passé durant ces soixante dernières années en ce qui concerne les diverses Constitutions chargées de régler l'organisation de l'État et comment, parallèlement, la Justice s'est-elle transformée ? Pourquoi ces changements à répétition ? Que signifie cette instabilité presque chronique et quelles en sont les conséquences ? Quel a été le rôle de l'armée et des forces de l'ordre qui auraient dû être les garants du respect des règles constitutionnelles et de la légalité ? La Justice est-elle en mesure, dans sa structure et par ses moyens, de répondre aux attentes des Centrafricains ? La réponse à ces questions s'impose de toute urgence, car comment agir efficacement lorsqu'on ignore tout du passé ? Il importe donc d'abord de relire l'ensemble des textes administratifs touchant ces deux domaines essentiels de la

Constitution et de la Justice pour dresser un premier bilan – signalons que la collecte des documents administratifs exige de la patience et beaucoup d'énergie, car la mise à mal des archives rend ce travail ardu, même pour un chercheur averti et compétent. Une fois accompli ce recueil préalable, il est alors possible d'évaluer les textes, leur mise en place (étape qui n'a pas toujours lieu pour de multiples causes : manque de moyens financiers et humains, coup d'État...) et leur fonctionnement. C'est au terme de ce travail que, sachant d'où l'on vient, on a ainsi *quelques* chances d'être un acteur plus positif pour l'avenir.

Le plan suivi dans cet ouvrage est imposé par les événements politiques majeurs qui ont secoué le pays et il déroule, à chaque étape, à la fois la question de la Constitution et celle de la Justice.

Le premier chapitre fait le bilan de la colonisation et de la marche vers l'indépendance. Remarquons au passage que, entre la création du poste de Bangui en 1889 et l'Indépendance en 1960, les Oubanguiens se sont vus administrés par trois Constitutions françaises (celle de 1875, mise en place par la Troisième République ; celle de 1946, après la Seconde Guerre mondiale, qui inaugure la Quatrième République ; et celle de 1958, initiée par De Gaulle pour la Cinquième République) et par le régime particulier de l'État français entre 1940 et 1944, soit quatre différentes modalités constitutionnelles. Dans le même temps, la Justice française s'est, de fait, scindée en justice *métropolitaine* et justice *coloniale*, bien différentes l'une de l'autre. Il aura fallu deux guerres mondiales pour que, après la Conférence de Brazzaville et la Constitution de 1946, le pays dit « des Droits de l'Homme » reconnaisse, progressivement, aux colonisés le statut de *non-citoyen* puis celui de *citoyen* et, enfin, celui d'être indépendant : d'abord, entre 1946 et 1956, les Oubanguiens, en nombre *limité*, éliront leurs représentants au *deuxième collège*, à côté des Français automatiquement électeurs du *premier collège* et il faudra attendre les élections après la Loi Cadre de 1956 pour que tous les Oubanguiens et Oubanguiennes, âgés de vingt et un an ou plus, puissent voter.

Sous la présidence de D. Dacko (Chapitre II), la première Constitution centrafricaine de décembre 1960, directement inspirée de celle élaborée par Boganda en 1958, n'aura qu'une brève existence, car les possibilités de s'exprimer et de s'associer vont se trouver, en quelques mois, limitées et fortement encadrées par des lois répressives, ruinant ainsi tout à fait son sens initial qui devait garantir l'exercice des libertés individuelles. La suite (chapitre III), inaugurée par le coup d'État du 31 décembre 1965 de J.B. Bokassa, ne fera que confirmer la tendance répressive pour aboutir à l'instauration d'un régime 'impérial', le 4 décembre 1977. Avec le coup de force, *organisé par la France* le 20 septembre 1979 (Chapitre IV) pour remettre en place le premier président D. Dacko, on entre alors dans une série de turbulences. L'amorce d'un retour apparent vers la démocratie (Constitution du 28 février 1981) est vite interrompue par le coup d'État d'A. Kolingba, le 1er septembre 1981. Une nouvelle Constitution, le 28 novembre 1986, aboutira à des élections qui porteront à la Présidence, le 22 octobre 1993, A. Patassé (qui fut, douze ans durant, ministre puis Premier ministre de J.B. Bokassa). Le chapitre IV s'intitule, à juste raison, « *Le temps des espoirs déçus* ». La nouvelle Constitution du 14 janvier 1995 aurait dû ouvrir une période moins troublée, mais une succession de mutineries et une terrible répression, menée avec l'aide de troupes venues du Congo voisin, conduiront au renversement d'A. Patassé, le 15 mars 2003, par le coup d'État de F. Bozizé[2]. Les dix années qui suivent sont désignées, effectivement, comme « *Le temps des désillusions* » (Chapitre VI). De 2003 au 24 mars 2013, après une période de transition, une Constitution est élaborée (27 décembre 2004) et des élections législatives et présidentielles sont organisées.

---

[2] Dans l'écriture des noms centrafricains le « e » se prononce « é ». On a préféré mettre le « é » pour respecter la bonne prononciation des noms.

Cependant, l'apparition de groupes armés d'opposition mettra à mal l'autorité, ce qui entraînera la signature d'accords politiques, le 21 juin 2008 et le 11 janvier 2013, ce qui aura pour conséquence de rendre la Constitution obsolète et inapplicable. Le coup d'État du 24 mars 2013 de la SÉLÉKA, menée par M. Djotodia, met, de toute façon, un terme à ce processus. Le chapitre VII est celui de « *La Transition dans la douleur* ». Le nouveau président, investi le 18 août 2013, ne contrôle guère les groupes de la SÉLÉKA et il est contraint à la démission le 10 janvier 2014. La Transition, conduite par Catherine Samba-Panza à partir du 23 janvier 2014 débouche sur le vote d'une nouvelle Constitution le 13 décembre 2015 et sur l'élection démocratique de Faustin-Archange Touadéra, le 30 mars 2016, marquant l'avènement de la Septième République[3]. Le chapitre VIII place donc la République centrafricaine « *à la croisée des chemins* » pour résister à l'instabilité.

Si les deux premiers mots de la devise du pays sont « Unité » et « Dignité », jamais ils n'auront été aussi actuels. Certes, il n'est pas facile de constituer une union de personnes sur un vaste territoire dont les limites n'ont pas été voulues comme telles par leurs ancêtres, mais par les tractations de colonisateurs français, belges, anglais et allemands. Toutefois, si on a reproché à juste titre aux colons de ne pas respecter l'humanité des Oubanguiens, il ne convient pas, aujourd'hui, au pays du *Zo Kwé Zo*, que les Centrafricains ne reconnaissent pas l'Humanité de leurs compatriotes, quelles que soient leurs différences culturelles et religieuses et quels que soient les antagonismes qui les opposent.

En parallèle aux changements constitutionnels, l'évolution du système judiciaire centrafricain manifeste bien des paradoxes.

---

[3] Classées selon leur date de naissance, les personnalités, qui ont dirigé le pays, sont : Boganda (*1910*-1959), Bokassa (*1921*-1996), Goumba (*1926*-2009), Dacko (*1930*-2003), Kolingba (*1936*-2010), Patassé (*1937*-2011), Bozizé (né en *1946*), Djotodia (né en *1949*), Samba-Panza (née en *1954*), Touadéra (né en *1957*).

- S'il était logique de se défaire d'une justice à deux niveaux, établie pendant la colonisation, la disparition de la justice traditionnelle depuis l'indépendance au profit d'une justice unique ne va pas sans difficulté : pour qu'elle soit efficace, il convient que les justiciables soient informés de son fonctionnement et que celle-ci dispose des moyens opérationnels nécessaires. Sinon, elle ne fait qu'affaiblir l'autorité déjà bien précaire des chefs traditionnels et ne satisfait pas les justiciables, surtout dans le monde rural.
- Si, depuis 1960, les autorités successives ont réprimé l'usage de la liberté, si la force a pris le pas sur la légalité, si aujourd'hui l'impunité est devenue un problème social majeur, les différents aménagements de la Justice présentent, parfois, des côtés positifs :
* Ainsi, sous le régime de Bokassa, un certain nombre de mesures témoignent de progrès, par exemple pour le droit des femmes (suppression de la dot, de l'excision...), même si les possibilités de contrôle se sont avérées restreintes ou inexistantes.
* Les structures se sont étoffées d'instances judiciaires diverses pour étendre le droit à de nouveaux domaines (travail...) et particulièrement au secteur du contrôle de l'élaboration des règles législatives et de leur application comme en témoigne, précisément, l'institution de la Cour constitutionnelle, dont le rôle est de juger de la légitimité des lois et de leur effectuation.

En réalité, à la lecture de ce travail, on réalise que, *dans les textes*, la République centrafricaine dispose d'un arsenal de lois et d'instances judiciaires suffisant. Le problème vient de la carence des moyens (mise en œuvre et application) et aussi de la volonté de mener jusqu'au bout le déploiement de la justice et du Droit.

Quand on s'interroge sur la possibilité de parvenir à un véritable exercice de la Justice en ce qui concerne les responsables politiques, le cas de Bokassa mérite réflexion. On se rappelle que les deux procès de Bokassa, l'un par contumace en 1980 et l'autre en présence de l'accusé en 1987, étaient diffusés intégralement par la radio et que toute la population centrafricaine a pu en suivre les déroulements jusqu'à la sentence, l'accusé ayant l'appui d'avocats expérimentés. La tenue de ces deux procès et leur diffusion publique prouvent la possibilité de l'exercice de la justice. Cependant, c'est l'exécution des peines, dans ce cas, qui a montré les limites du système : la condamnation à mort a été transformée en détention à vie, puis en dix années de réclusion, puis en libération pure et simple. Il y a même eu, ultérieurement, une certaine réhabilitation – tandis que, lors du premier procès, plusieurs comparses de Bokassa ont été condamnés puis fusillés…

*

Ce livre offre une synthèse claire et indispensable à toute personne qui veut comprendre comment se sont élaborées et modifiées les sept constitutions successives de la République centrafricaine depuis l'Indépendance en 1960 jusqu'en 2017 et comment, dans le même temps, les institutions judiciaires se sont façonnées et enrichies, du moins au niveau des textes, car l'application, pourtant logiquement nécessaire, de la Justice pose encore bien des problèmes.

JD. Pénel

AVANT-PROPOS

La République Centrafricaine a connu ces dernières années une crise sans précédent qui a ébranlé les fondements mêmes de l'État Centrafricain, notamment du fait de la dislocation de son armée et de l'envahissement de son territoire par des bandes armées qui ont commis de nombreuses exactions sur les populations. Les crises successives ont entraîné un développement de l'instabilité et de l'insécurité dans le Pays.

Avec la sortie de la Transition (2013-2016), l'adoption d'une nouvelle Constitution par referendum le 13 décembre 2015, promulguée le 30 mars 2016, l'élection du Président de la République Faustin Archange Touadéra, celle des députés, la République Centrafricaine a retrouvé la légalité constitutionnelle même si elle n'a pas encore trouvé la paix et la sécurité.

Par cette étude nous voulons démontrer, à travers l'examen des textes, que la descente aux enfers de la République Centrafricaine a commencé dès le lendemain de l'indépendance par l'instauration d'un régime dictatorial et s'est poursuivie lentement mais sûrement jusqu'en 2013 avec l'entrée de la coalition SÉLÉKA dans la ville de Bangui qui réalisait ainsi le quatrième coup d'État contre le Peuple et les Institutions Républicaines.

Il s'agit également de faire une étude exhaustive des diverses Constitutions centrafricaines et des textes ayant régi et régissant l'organisation juridictionnelle en République Centrafricaine, afin que cet ouvrage soit un outil mis à la disposition de tous ceux qui s'intéresseraient à cette question et particulièrement le corps enseignant et les étudiants étant entendu que retrouver les textes de Lois et les règlements relève d'un parcours du combattant en République Centrafricaine. Nous espérons ainsi faire œuvre utile.

INTRODUCTION

La République Centrafricaine, ancienne colonie française appelée Oubangui-Chari, intégrée à l'Afrique Équatoriale Française (AEF), a hérité comme toutes les anciennes colonies, des principes d'organisation politique et judiciaire de la puissance coloniale. Des choix politiques ont été opérés et on observe, à l'étude des diverses Constitutions qui se sont succédé, que le régime politique dominant est le régime semi-présidentiel dans les textes, mais présidentialiste dans l'exercice du pouvoir. En ce qui concerne le système judiciaire ; la République Centrafricaine a fait le choix, dès le départ, d'une justice fonctionnant sur des principes et des structures modernes, cette option sera marquée par la suppression des justices de paix et des tribunaux coutumiers.

La République Centrafricaine a connu quatre coups d'État réussis depuis l'Indépendance et cinq si l'on comptabilise l'Opération *Barracuda*[4] de l'Armée française qui a mis fin au régime de Bokassa intervenue le 29 septembre 1979, sans compter les tentatives de putschs. Les deux premiers coups d'État, celui de Bokassa en 1966 et celui de Kolingba en 1981 ont été l'œuvre du Chef d'État-major des Armées agissant avec des éléments de l'Armée centrafricaine et ont été menés à Bangui. À la différence du coup d'État de Bozizé, ex-chef d'État-major, qui a pris le pouvoir le 15 mars 2003 à la tête d'une rébellion venant de province et investissant Bangui ; même si parmi ces rebelles figuraient des éléments des Forces Armées Centrafricaines (FACA), ce qui a été également le cas de Michel Djotodia à la tête de la rébellion Séléka le 24 mars 2013, tant les rebellions de Bozizé que celle de la coalition Séléka comprenaient des éléments étrangers. Cependant, quel que soit le mode opératoire, ces changements inconstitutionnels ont entraîné une instabilité chronique.

[4] Le Barracuda est un grand poisson carnivore des mers tropicales.

On peut constater que la situation d'instabilité politique et d'insécurité s'est particulièrement installée à partir de 1996 lorsque la RCA connaîtra les mutineries à répétition qui évolueront en rébellions, l'Armée centrafricaine commencera sa descente aux enfers pour finir par se disloquer le 24 mars 2013.

La RCA tout en entrant dans une ère d'instabilité politique chronique verra dans le même temps son économie s'effondrer petit à petit, l'apogée de la destruction du tissu économique et social se situant en 2013.

Petit à petit les changements inconstitutionnels ont entraîné de graves dysfonctionnements dans les structures étatiques, mais le plus grand impact, et le plus préjudiciable a très certainement été le changement des mentalités, les divisions, la destruction du tissu social, les souffrances du peuple centrafricain et, au bout du compte, la déperdition du citoyen centrafricain.

Constitutionnellement, la République Centrafricaine connaitra plusieurs transitions, dont deux principales, celle de 2003 à 2004 et celle de 2013 à 2016.

Le rétablissement de l'ordre constitutionnel intervenu à l'issue de la dernière Transition par l'organisation d'élections libres et transparentes ayant abouti à l'installation du président élu le 30 mars 2016, Faustin Archange Touadéra, suivi de l'installation de l'Assemblée Nationale puis de toutes les institutions démocratiques prévues par la Constitution à l'exception du Sénat, dont la mise en place interviendra après les élections locales et régionales, ceci en application de l'article 155 de la Constitution du 30 mars 2016, ouvre une ère nouvelle pleine d'espérance pour le peuple centrafricain qui aspire à de meilleures conditions de vie, à un meilleur partage des richesses, à plus d'égalité et à plus de dignité.

Cet ouvrage analysera les différentes Constitutions et organisations juridictionnelles de 1960 à 2016 après une revue nécessaire des antécédents juridiques de la période coloniale.

CHAPITRE I

LE PRÉLUDE A L'ORGANISATION CONSTITUTIONNELLE ET JURIDICTIONNELLE DE LA RÉPUBLIQUE CENTRAFRICAINE : LA PÉRIODE COLONIALE

La République Centrafricaine est née de l'Oubangui-Chari, Territoire créé par la puissance coloniale française.

❖ SECTION I- LE TERRITOIRE DE L'OUBANGUI-CHARI

I- LA PÉNÉTRATION COLONIALE EN OUBANGUI-CHARI

▶ A- LA CONFÉRENCE DE BERLIN DU 23 FÉVRIER 1885

Au XIX siècle, L'Europe, puissance dominante, va devenir puissance colonisatrice. L'expansion coloniale a vu naître des rivalités entre les puissances européennes dans la course à l'occupation de territoires ; ces puissances vont conclure des accords pour se répartir les possessions et fixer leurs frontières.

C'est ainsi que se tint la Conférence de Berlin de 1885. Il s'agissait de concilier deux positions, l'une favorable à l'instauration de la liberté de navigation et du commerce dans les colonies, l'autre plutôt favorable à la reconnaissance d'un monopole de chaque puissance coloniale sur le commerce de ses colonies. L'Acte général de Berlin du 23 février 1885, qualifié de « partage de l'Afrique » retiendra la liberté de navigation et du commerce. L'Acte fixera également les conditions dans lesquelles l'occupation de territoires devait désormais se faire afin d'éviter de nouveaux conflits entre les puissances : toute nouvelle occupation doit être notifiée aux autres États, en outre cette occupation doit être « effective ».

▶ B- LE TERRITOIRE DE L'OUBANGUI-CHARI EN 1894

L'Acte de Berlin ouvrira la porte à la pénétration coloniale en Oubangui-Chari ; l'administration française commence à s'implanter avec la création de l'avant-poste de Bangui en 1889 avec comme chef de poste Michel Dolisie ; le territoire sera appelé « *Oubangui-Chari* » en 1894 ce qui sera confirmé par le décret du 29 décembre 1903, portant organisation du Congo Français et dépendances qui crée le Territoire de l'Oubangui-Chari.

Le décret du 11 février 1906 portant réorganisation des possessions du Congo français et dépendances unit le *Territoire de l'Oubangui-Chari* au *Territoire militaire du Tchad* qui devient *Colonie de l'Oubangui-Chari-Tchad.*

En 1910, la colonie devient un Territoire de la Fédération de l'Afrique Équatoriale Française (AEF), avec le Moyen-Congo et le Gabon, puis colonie autonome en 1915.

L'implantation administrative va nécessairement entraîner l'implantation de l'organisation judiciaire. L'organisation administrative conditionne l'organisation judiciaire et des réformes administratives entraîneront des réformes de l'organisation judiciaire. Cette implantation se fera donc par étapes, elle se poursuivra jusqu'à l'indépendance des colonies.

À l'indépendance, la République Centrafricaine se dotera de sa première Constitution. Elle se dotera au total de 1960 à 2016 de huit Constitutions et d'une Charte Constitutionnelle de Transition, sans compter les périodes régies par des Actes Constitutionnels.

Quels étaient les principes de l'organisation judiciaire coloniale ?

II- L'ORGANISATION JUDICIAIRE COLONIALE

▶ A- LES PRINCIPES RÉVOLUTIONNAIRES REVUS ET CORRIGÉS PAR LA PUISSANCE COLONIALE

1. La loi française des 16 et 24 août 1790

C'est dans la justice et l'organisation judiciaire françaises qu'il faut rechercher les fondements de la justice et de l'organisation judiciaire des États africains issus des ex-fédérations de l'AOF et de l'AEF.

Les fondements de la justice française se situent à la période révolutionnaire qui fixera les grands principes et les bases de l'organisation judiciaire applicables de nos jours, principes et organisation dont hériteront les anciennes colonies.

Ainsi, au lendemain de la Révolution, la Loi des 16 et 24 août 1790 fixe les grands principes de la Justice en France : la séparation entre les deux ordres de juridiction, administratif et judiciaire, le principe de l'égalité devant la justice et de la gratuité, le principe du double degré de juridiction, l'institution du jury populaire en matière criminelle, la professionnalisation des magistrats et le principe de l'indépendance de la magistrature, la séparation des fonctions civiles et pénales des juridictions. La justice est depuis lors rendue au nom du peuple français.

Napoléon Bonaparte viendra compléter cette œuvre réformatrice par le Code civil en 1804, le Code de Procédure civile en 1806, le Code de Commerce en 1807, le code d'instruction criminelle en 1808, le Code pénal en 1810.

L'instauration d'une justice moderne fonctionnant suivant les principes visés ci-dessus s'est fait attendre dans les colonies, la puissance coloniale française a dû trouver des compromis, sinon parfois des compromissions, entre la justice coutumière et la justice moderne d'une part, entre les principes énoncés et le fait qu'elle voulait également instaurer une différence de traitement entre les citoyens français d'origine et les autochtones, sans oublier les impératifs d'exploitation des colonies.

Le code de l'indigénat et le travail forcé sont les manifestations les plus significatives de ces contradictions. Il y a lieu de s'y arrêter.

2. Le Code de l'Indigénat 1881-1946

La puissance coloniale institue le régime de l'indigénat de 1881 à 1946 en commençant par l'Algérie et en l'étendant par la suite à ses autres possessions. En AOF le régime de l'indigénat sera institué par le décret du 21 novembre 1904, en AEF, l'indigénat sera institué par le décret du 31 mai 1910. L'indigénat se concrétisera par une série de textes fixant les règles prévalant en la matière.

Il s'agit d'une justice administrative rendue par les administrateurs coloniaux, commandants de cercle, avec la collaboration des chefs traditionnels qui reçoivent un intéressement à cet effet. Elle se manifeste par un pouvoir disciplinaire donné aux administrateurs qui est assorti de peines pouvant aller jusqu'à des peines privatives de liberté et des travaux forcés. Les sanctions applicables sont soit des amendes, qui peuvent à l'occasion être converties en détention, soit des peines de prison ou d'internement administratif (assignation à résidence).

Ce régime avait deux objectifs principaux, d'une part, asseoir l'autorité des administrateurs et à travers elle de la puissance coloniale, et d'autre part, permettre l'utilisation des autochtones pour la réalisation de travaux non rémunérés, ce qui correspondait au travail forcé.

Ce régime est une atteinte à la séparation des pouvoirs en ce sens que le pouvoir exécutif fixe les règles applicables par des décrets et instructions diverses, celles-ci sont appliquées par les administrateurs représentant les pouvoirs publics et ces derniers sont également investis du pouvoir de sanction par le biais des peines qui par leur nature relèvent normalement de la justice et donc du juge. Le régime de l'indigénat combiné au travail forcé fera des autochtones des hommes asservis, taillables et corvéables à merci. Même lorsque l'organisation judiciaire se développera peu à peu dans les Territoires et que quelques jeunes magistrats français seront en place, ils devront faire face à l'hostilité des administrateurs et à leur concurrence, le régime de l'indigénat existant parallèlement aux institutions judiciaires.

Ce régime est en contradiction avec les principes fixés par la Révolution. En effet, le Code de l'indigénat viole le principe de l'égalité devant la loi, il crée une catégorisation entre les justiciables en instituant une différence de traitement entre les indigènes et les citoyens français d'origine. Des distinctions sont également créées entre les autochtones eux-mêmes, les « indigènes citoyens français » de statut civil français (personnes ayant obtenu la citoyenneté par décret ou en vertu d'une décision de justice) les « indigènes sujets français », ils avaient la nationalité française, mais n'étaient pas citoyens français, les « indigènes protégés français » qui n'avaient pas la nationalité et les « indigènes administrés français » qui n'avaient pas non plus la nationalité (sous mandat de la SDN, Togo et Cameroun oriental).

Le Code de l'Indigénat viole en outre le principe de la responsabilité pénale individuelle en instituant des peines collectives. Il viole également le principe du caractère général de la loi en instituant des « infractions spéciales » applicables aux autochtones et qui varient en fonction du lieu et du temps où elles sont applicables. Il crée enfin des infractions à caractère politique qui sanctionnent les manquements à l'autorité des administrateurs.

Ce régime était censé être transitoire, pour faciliter l'implantation de la puissance coloniale. Des voix se sont élevées en France pour combattre ce système au nom des principes de la République. Mais ce régime perdurera quand même jusqu'en 1946, ce qui lui fit une durée de vie de 65 ans ; il sera cependant assoupli progressivement.

Le Décret du 15 novembre 1924, modifié par le décret du 26 décembre 1924, unifie le régime juridique de l'indigénat en AEF et AOF, Madagascar et la Cote française des Somalis ; face aux pressions de citoyens français et aux revendications internes d'autochtones, des assouplissements sont apportés, certaines personnes sont désormais soustraites au régime de l'indigénat : anciens combattants, diplômés, cadres de l'administration, les commerçants…

Le Décret 45-137 du 22 décembre 1945 supprimera les sanctions de police administrative, le Décret 46-277 du 20 février 1946 les peines exceptionnelles de l'indigénat (internement, assignation à résidence et amendes collectives prévues aux art. 22 à 24 du décret du 15 novembre 1924).

3. Le travail forcé

Le travail forcé est une forme d'esclavage, l'Homme y est employé sans rémunération et contre son gré. En France, une loi de 1948 interdit l'esclavage privé, ce qui a pour conséquence que cette pratique ne peut plus être le fait de particuliers, cependant l'esclavage d'État demeure par le biais du travail forcé, c'est l'apanage de la puissance publique qui, à l'occasion, va déléguer ce droit à des compagnies privées, les compagnies concessionnaires. En Afrique centrale la construction du chemin de fer Congo Océan (1921-1934) a donné lieu à des réquisitions de main d'œuvre venue des différents territoires et a occasionné de nombreuses victimes. Nombre des travailleurs sont des personnes condamnées à des peines spéciales. Le travail forcé ne servit pas qu'aux grands travaux, en effet cette main-d'œuvre gratuite a aussi été utilisée par les administrateurs à des fins privées.

4. La suppression du travail forcé et de l'indigénat

Le Second conflit mondial puis la Conférence de Brazzaville de 1944 auront un impact important sur l'évolution de la situation. C'est ainsi que l'on aboutira à deux textes importants :

La Loi Houphouët Boigny 46-645 du 11 avril 1946 supprime le travail forcé dans les Territoires d'Outre-Mer et édicte, en son article 1er :

> « *Le travail forcé ou obligatoire est interdit de façon absolue dans les territoires d'Outre-Mer* ».

La Loi Lamine Gueye 46-940 du 7 mai 1946 qui tend à proclamer citoyens tous les ressortissants des territoires d'Outre-Mer, supprime l'indigénat. Cette loi comporte un article unique :

> « *À partir du 1er juin 1946, tous les ressortissants des territoires d'outre-mer (Algérie comprise) ont la qualité de citoyens, au même*

titre que les nationaux français de la métropole et des territoires d'Outre-Mer... »

Des statistiques sur l'usage des pouvoirs disciplinaires et conversion en journées de travail ont été élaborées qui indiquent qu'entre 1898 et 1910 sur une période couvrant le second semestre d'une année et le premier semestre de la suivante 294 386 punitions ont été infligées, dont 122.333 converties en 122.333 journées de travail, soit 41% et qu'au total 595.578, 5 journées de travail ont été infligées. Les motifs de punitions les plus courants étant le retard dans le paiement de l'impôt, la dissimulation de matière imposable, les désordres sur les marchés, le défaut de permis de voyage, le refus d'obtempérer aux services de garde ou de patrouille, le refus de répondre aux convocations de l'officier de police judiciaire ou de fournir les renseignements qu'elle demandait[5] Le Code de l'Indigénat et le travail forcé ont cohabité avec les institutions judiciaires.

Comment se présentait l'Organisation judiciaire dans les colonies de l'AEF ?

▶ B- LA JUSTICE SÉPARÉE

Un certain nombre de textes vont organiser la justice dans les colonies, celles-ci sont régies par décrets. L'inaccessibilité de la justice moderne pour les populations, tant du point de vue géographique que du point de vue de la complexité des structures mises en place et de leur inadaptation aux réalités sociales d'une part, et la volonté des pouvoirs publics d'instituer deux ordres de juridictions séparées, l'une réservée aux citoyens français, l'autre aux autochtones, tout en voulant cependant exercer un contrôle sur l'ensemble de l'organisation judiciaire d'autre part, ont conduit la puissance coloniale à instituer deux ordres de juridictions, les juridictions modernes et les juridictions coutumières.

---

[5] Émile Larcher, extrait de Sylvie Thénault, *Violence ordinaire dans l'Algérie coloniale*, Paris, Odile Jacob, 2012.

1. La justice moderne

Elle fait l'objet d'un certain nombre de décrets organisationnels du 19 décembre 1900, du 17 mars 1903, du 12 février 1910, du 16 avril 1913 et du 24 juillet 1930, cette liste n'étant pas exhaustive. Ils mettent en place une organisation judiciaire qui est le reflet d'un manque de moyens tant financiers qu'humains nécessaires à assurer la mission de justice dans les colonies. Cette justice présente certaines caractéristiques : l'amovibilité des juges, souvent l'unicité des juges, celui qui fait office de juge n'est souvent pas un professionnel de la justice, mais un administrateur, c'est une justice éloignée du justiciable et difficilement accessible. En ce qui concerne l'organisation proprement dite, au bas de la pyramide se trouve la justice de paix à compétence étendue instituée par arrêté du Commissaire Général, suivant les besoins et dont la compétence territoriale est déterminée par l'arrêté de création, la composition de cette structure se résume à un juge de paix et un greffier. Elle connaît des petits litiges tant en matière civile qu'en matière répressive. À Bangui, il sera institué une justice de paix à compétence étendue par le décret du 12 mai 1910, cette structure perdurera jusqu'en 1913, le décret du 16 avril créant un Tribunal de première instance. Les tribunaux de Première Instance sont composés d'un président, d'un juge, un greffier et d'un procureur de la République.

Une Cour d'Appel est créée qui a compétence sur toute l'AEF, son siège est dans un premier temps installé à Libreville, de 1897 à 1910, elle sera transférée à Brazzaville par le décret du 12 février 1910. Elle est composée d'un président, de deux conseillers, d'un représentant du Ministère Public et d'un greffier. Elle est compétente pour connaître en appel des jugements rendus par les tribunaux inférieurs et elle est également compétente pour traiter des recours en annulation et des excès de pouvoir ou violation de la loi. Enfin, la Cour criminelle de l'AEF est installée d'abord à Libreville puis à Brazzaville par le décret de 1910, elle comprend un président, 2 conseillers, le Ministère public, un greffier, elle ne juge que les justiciables français, européens ou assimilés pour les crimes commis envers d'autres ou entre eux. Cette Cour ne connaît des affaires concernant les autochtones que si les crimes commis par ces derniers sont des crimes à caractère politique ou quand ils portent atteinte à l'ordre public. Parallèlement à la justice moderne, la puissance coloniale développe la « justice indigène ».

2. La justice traditionnelle

Le décret du 29 mai 1936 réorganise la justice indigène en AEF **il** y a lieu de s'arrêter sur ce texte[6]. Il remplace le décret du 29 avril 1927 relatif à la justice indigène et intervient suite la réorganisation administrative de l'AEF instituée par le décret du 30 juin 1934 et son modificatif du 5 août de la même année.

Les juridictions dites « indigènes » sont les tribunaux de conciliation, les tribunaux de premier degré, les tribunaux de deuxième degré et une chambre spéciale d'homologation. Le décret définit les catégories de justiciables classées *indigènes*, il s'agit : des personnes originaires des possessions françaises de l'AEF et de l'AOF qui ne possèdent pas la qualité de citoyen français, des personnes originaires des pays placés sous mandat, ainsi que ceux des pays étrangers compris entre ces territoires ou pays limitrophes qui n'ont pas dans leur pays le statut de nationaux européens.

Les juridictions indigènes appliquent les coutumes. C'est au justiciable attrait devant une juridiction indigène à tort de rapporter la preuve qu'il ne relève pas de ces juridictions. Les chefs de village ou de tribu sont investis du pouvoir de conciliation, la tentative de conciliation est obligatoire en matière civile et commerciale. L'accord intervenu entre les parties est soit verbal, soit écrit. Il y a lieu de relever qu'il n'y a pas de greffier pour les tribunaux de conciliation et qu'il est prévu

6 JORF du 12 juin 1936 p.6216

des secrétaires pour les tribunaux du premier et deuxième degré.

La Chambre d'homologation est composée du Président de la Cour d'Appel, de deux magistrats, de deux fonctionnaires et deux suppléants, du procureur général ou son substitut et d'un greffier. La Chambre d'homologation connaît des recours en annulation, des demandes en révision et de l'homologation des jugements rendus par les juridictions indigènes. La chambre d'homologation a également des compétences en matière répressive. Les peines qu'elle peut prononcer sont l'amende, l'interdiction de séjour pendant une durée qui ne peut excéder 20 ans, l'emprisonnement à temps pour une durée qui ne peut excéder 20 ans, l'emprisonnement à perpétuité, la peine de mort. Les tribunaux du deuxième degré peuvent prononcer l'emprisonnement à vie et la peine de mort. Il est précisé que l'emprisonnement est subi soit dans des pénitenciers indigènes, soit dans des locaux disciplinaires, soit sur des chantiers de travaux d'utilité publique, ce sont les travaux forcés.

3. L'imbroglio juridique, au final

D'autres décrets suivront celui de 1936, le décret du 17 juillet 1944 institue un code pénal indigène pour l'AOF et l'AEF ainsi que le Cameroun et le Togo, il est suivi par le Décret du 26 juillet 1944[7] qui réorganise la justice indigène en AEF. Il précise qu'en plus des tribunaux indigènes prévus par le décret de 1936, le Gouverneur Général de l'AEF peut instituer des juridictions indigènes coutumières.

À la différence de 1936, les Tribunaux coutumiers peuvent être saisis sans conciliation préalable. Les fonctions d'assesseurs et de président sont remplies par des chefs ou par des notables indigènes, le président du Tribunal est désigné par le chef de territoire. Les Tribunaux sont seuls compétents en matière civile et commerciale, par contre, l'action

[7] JOAEF 1944 p.805

répressive est partagée entre le Tribunal et les juridictions coutumières, ces dernières sont compétentes exclusivement pour les crimes, délits et contraventions réprimés par le Code pénal indigène et les textes spéciaux des territoires.

Le Décret du 30 avril 1946 supprimera la justice pénale indigène.

On assiste ainsi à un véritable imbroglio juridique dans les colonies. Les quelques magistrats en poste sont des magistrats français dont la moyenne d'âge se situe autour de 27 ans, 60 % d'entre eux ont pris leur fonction entre 25 et 27 ans[8]. Ils sont notés par le Procureur de la République, ils dépendent du Ministère de l'Outre-Mer et non du Ministère de la Justice, ce qui indique bien qu'ils ont une mission spéciale à remplir. Ces magistrats, se sont retrouvés livrés à eux-mêmes dans ces lointaines contrées, face au régime de l'indigénat, à une justice coutumière, et à une justice moderne qui se côtoient et parfois se font concurrence. Le magistrat d'Outre-Mer a vécu très certainement une expérience originale et formatrice, tantôt juge d'un tribunal de première instance, de deuxième instance, de cour d'appel ou de cour Criminelle, devant souvent siéger avec des représentants de l'Administration, tantôt juge de paix dans une juridiction de paix à compétence étendue où il a dû faire preuve d'un grand pragmatisme qui l'a conduit parfois à faire prévaloir l'équité plutôt que le droit. Il s'est trouvé confronté à des cas singuliers, inexistants dans le droit français comme ceux liés à la polygamie, à la sorcellerie, aux crimes rituels, à la dot, à la question des ordalies et à des mentalités imprégnées de coutumes diverses, dont il était ignorant, devant des justiciables dont il ne parlait pas la langue, ce qui avait pour conséquence qu'il devait constamment être assisté d'un interprète. Pour couronner le tout, ce jeune magistrat a dû faire face à une fronde de la part des administrateurs qui tenaient à conserver leur pouvoir d'infliger des peines disciplinaires et qui

8 Étude sur le magistrat d'Outre-Mer.

voyaient souvent en ces juges des concurrents, des « empêcheurs de tourner en rond », nuisibles à leur autorité, qui de surcroît se sentaient investis d'une mission de justice dans les colonies, sinon de civilisation.

Après la Seconde Guerre mondiale, des réformes importantes vont intervenir qui conduiront par étapes successives les colonies à l'indépendance. Les principales étapes sont l'Union Française et la Communauté.

❖ **SECTION II**. VERS L'INDÉPENDANCE DES COLONIES, DU STATUT DE TERRITOIRE AU STATUT D'ÉTAT

I- LE TEMPS DES RÉFORMES : L'ÉVOLUTION VERS L'INDÉPENDANCE

▶ A- LA TRANSITION ADMINISTRATIVE : PLUS D'AUTONOMIE, MAIS PAS D'INDÉPENDANCE

1. La Conférence de Brazzaville

La conférence de Brazzaville se tiendra du 30 janvier au 8 février 1944, sous la Présidence du Général de Gaulle, elle verra la participation principalement de gouverneurs, les Africains n'y sont pas représentés. Le Gouverneur Général Félix Éboué[9] de l'AEF, un Guyanais, ancien administrateur et gouverneur de l'Oubangui-Chari y prendra une part active, il décédera le 17 mai 1944 et le gouverneur général p. i. de l'AEF, André Bayardelle, lui rendra l'hommage suivant :

> « *Il meurt épuisé par sa tâche, mais sa tâche accomplie, il laisse à ses enfants un grand nom, à son pays une grande page d'histoire et à nous tous un grand exemple* »[10].

[9] Félix Éboué (1896-1944) a exercé une vingtaine d'années en Oubangui-Chari et a publié des études sur la culture centrafricaine (langues, contes, musique). Il est le premier homme de couleur enterré au Panthéon à Paris.

[10] JOAEF 1944 p.382.

Le Général de Gaulle soulignera à la Conférence la nécessité de faire évoluer les Africains vers plus de progrès social et économique et de faire en sorte qu'ils gèrent leurs intérêts de façon plus autonome, cependant, tout ceci devant se faire à l'intérieur de l'empire colonial français.

Le général de Gaulle s'exprimait ainsi :

> « *Au moment où commençait la présente guerre mondiale, apparaissait déjà la nécessité d'établir sur des bases nouvelles les conditions de la mise en valeur de notre Afrique, du progrès humain de ses habitants et de l'exercice de la souveraineté française...* »
>
> « *Mais, en Afrique française, comme dans tous les autres territoires où des hommes vivent sous notre drapeau, il n'y aurait aucun progrès qui soit un progrès, si les hommes, sur leur terre natale, n'en profitaient pas moralement et matériellement, s'ils ne pouvaient s'élever peu à peu jusqu'au niveau où ils seront capables de participer chez eux à la gestion de leurs propres affaires. C'est le devoir de la France de faire en sorte qu'il en soit ainsi* ».

Les recommandations formulées par la Conférence de Brazzaville sont introduites par la phrase suivante :

> « *Les fins de l'œuvre de civilisation accomplie par la France dans les colonies écartent toute idée d'autonomie, toute possibilité d'évolution hors du bloc français de l'Empire ; la constitution éventuelle, même lointaine, de self-government dans les colonies est à écarter* ».

L'heure n'est donc pas à l'indépendance en 1944 dans l'esprit des dirigeants français, cependant, la nécessité de faire évoluer les relations entre la métropole et les colonies, d'accorder plus de liberté et plus de responsabilités aux Africains dans la gestion de leurs affaires est comprise et sera prise en compte par les réformes qui vont suivre.

2. La Constitution du 27 octobre 1946 : l'Union Française

Au lendemain du Second conflit mondial, la Constitution du 27 octobre 1946 (4ème République) en son Titre VIII modifie le statut des colonies. L'Empire colonial français devient « l'Union Française » et les colonies deviennent « Territoires d'Outre-Mer » :

> « *L'Union française forme avec les peuples d'Outre-Mer, une union fondée sur l'égalité des droits et des devoirs, sans distinction de race ni de religion* ».

Cette Constitution va entraîner de profondes réformes.

L'Union française selon l'article 60 de la Constitution était formée d'une part de la République française qui comprend la France métropolitaine, les départements et les territoires d'outre-mer, d'autre part, des territoires et États associés (les territoires associés étant les territoires sous mandat et les États associés, des États sous protectorat). L'union française comprenait ainsi : l'État français, les départements d'outre-mer, les territoires d'outre-mer (dont AEF et AOF), les territoires associés (Togo, Cameroun, territoires sous tutelle des Nations unies), les États associés.

Les groupes de territoires sont les suivants : d'un côté, l'AOF formée par la Côte d'Ivoire, le Dahomey, la Guinée, la Haute-Volta, la Mauritanie, le Niger, le Sénégal, et le Soudan français ; de l'autre, l'AEF formée par le Gabon, le Moyen-Congo, l'Oubangui-Chari et le Tchad[11].

L'Union Française comporte 3 institutions : le président de l'Union Française, qui est le président de la République française, le Haut Conseil de l'Union Française, et l'Assemblée de l'Union Française

> « *composée par moitié des membres représentants la France métropolitaine et, par moitié, des membres représentants les départements et territoires d'outre-mer et les États associés* » (Art.66 Constitution de 1946).

Les membres représentant les Territoires sont élus par les Assemblées Territoriales. Le Territoire de l'Oubangui-Chari disposait de 2 sièges.

[11] Art.4 décret 57-458.

3. La loi-cadre Defferre[12] de 1956

Dans l'esprit de la Constitution et sous la pression des revendications, la Loi-cadre Defferre 56-619 du 23 juin 1956 autorise « *le gouvernement à mettre en œuvre les réformes et à prendre les mesures propres à assurer l'évolution des territoires relevant du ministère de la France d'Outre-Mer* ». Cette loi annonce les changements structurels qui interviendront. Elle accorde le suffrage universel aux populations des deux sexes et renforce les pouvoirs des Assemblées territoriales.

> « *Le Gouvernement pourra... prendre toutes mesures tendant à élever le niveau de vie dans les territoires relevant du ministère de la France d'Outre-Mer, à y favoriser le développement économique et le progrès social et à faciliter la coopération économique et financière entre la métropole et ces territoires* » (Art.4).

Il s'agit de favoriser la décentralisation et la déconcentration administratives afin d'associer de façon plus étroite les autochtones à la gestion de leurs propres intérêts. Cette loi marque indiscutablement un tournant dans la politique coloniale et la gestion des colonies, on s'achemine peu à peu vers l'indépendance.

4. Les décrets de réorganisation

D'importants décrets réorganisant les territoires vont être pris notamment : le décret 57-458 portant réorganisation de l'AOF et de l'AEF, le décret 57-459 fixant les conditions de formation et de fonctionnement des conseils de gouvernement dans les Territoires de l'AOF et de l'AEF, le décret 57-460 fixant les attributions des chefs de Territoire, des Conseils de Gouvernement et des Assemblées territoriales, dans les Territoires de l'AOF et de l'AEF.

Le premier décret fixe les institutions territoriales qui sont dotées de la personnalité civile et de l'autonomie financière. Dans chaque territoire, un chef de territoire, un conseil de

---

[12] Gaston Defferre (1910-1986) est ministre de la France d'Outre-Mer en 1956-1957.

gouvernement, une assemblée territoriale. Les territoires sont regroupés en « groupes de territoires » pour la coordination et la gestion des services d'intérêts communs. Ces groupes de territoires sont, eux aussi, dotés de la personnalité juridique et de l'autonomie financière.

Les institutions des groupes de territoires sont : un chef de groupe de territoire, une assemblée dite « Grand Conseil », les Assemblées territoriales.

Le Haut-Commissaire de la République est chef de groupe de territoire, il est le représentant du gouvernement et relève directement de l'autorité du ministre de la France d'Outre-mer, il est le dépositaire des pouvoirs de la République pour l'ensemble des territoires. Le Haut-Commissaire dispose du pouvoir réglementaire.

Le Grand Conseil, est chargé de la gestion des intérêts communs du groupe de territoires. C'est une assemblée délibérante. Il délibère notamment en matière judiciaire sur la réglementation de la procédure civile, à l'exception de l'organisation judiciaire.

Dans chacun des Territoires, le chef de Territoire, est par délégation permanente du Haut-Commissaire dépositaire des pouvoirs de la République dans le territoire, il a autorité sur tous les services de l'État. Sous l'autorité du Haut-Commissaire, il est responsable du maintien de l'ordre public et dispose du droit de réquisition.

Le Conseil de Gouvernement est placé sous l'autorité du chef de territoire, il assure l'administration des services territoriaux.

Les Assemblées territoriales sont la véritable cheville ouvrière du Territoire : elles votent le budget du Territoire préparé par le Conseil de Gouvernement, elle délibère notamment sur tout ce qui concerne les intérêts patrimoniaux et travaux publics territoriaux, sur tout projet en matière financière, impôts, taxes, droits et contributions de toute nature. Relève de sa compétence, le statut civil coutumier et la réglementation de l'état civil dans le cadre des lois qui l'organisent, les constatations, rédaction et codification des coutumes ; l'adaptation des coutumes à l'évolution sociale ; les biens et droits immobiliers régis par la coutume… d'une manière générale « *toutes questions ressortissant au droit local* » (Art.36).

Le premier président de la Première Assemblée qui portait le nom de Conseil Représentatif de l'Oubangui-Chari[13], ancêtre de l'Assemblée Nationale, sera Georges Darlan[14].

Après les réformes institutionnelles vint ensuite le temps des réformes politiques.

▶ B- LA TRANSITION POLITIQUE : LA COMMUNAUTÉ

1. L'option constitutionnelle

L'article 76 de la Constitution de 1958 prévoit une option :

> « *Les territoires d'Outre-Mer peuvent garder leur statut au sein de la République s'ils en manifestent la volonté par délibération de leur assemblée territoriale… ils deviennent soit départements d'outre-mer, soit groupés ou non entre eux, États membres de la Communauté...* »

ou opter pour l'Indépendance immédiate.

Dans la Communauté, les États membres jouissent de l'autonomie (art.77). Les organes de la Communauté sont le Conseil Exécutif, le Sénat et une Cour Arbitrale. Le président de la République française est président de la Communauté.

Dans la Constitution de 1958 telle que rédigée, ne pas rester dans la Communauté équivalait ipso facto à la quitter, c'est ce que choisit de faire la Guinée en votant non au referendum organisé à cet effet. La pratique démontra cependant qu'un statut intermédiaire était nécessaire. En effet, les États ont réclamé plus de liberté dans la gestion de leurs affaires, notamment au niveau de la politique étrangère, ce qui dépassait la simple autonomie qui leur était accordée par

---

[13] A partir de 1952, le *Conseil Représentatif* devient *Assemblée Territoriale de l'Oubangui-Chari*, avec un nombre accru d'électeurs et de représentants oubanguiens.

[14] Georges Darlan (1920-1965), père de l'auteur.

la Communauté, ils voulaient ceci tout en restant États membres de la Communauté.

2. La révision de la Constitution

C'est ainsi que la Constitution fut révisée pour accéder à ces revendications. Ce fut l'objet de la Loi constitutionnelle 60-525 du 4 juin 1960 tendant à compléter les dispositions du Titre XII de la Constitution[15].

L'article 86 de la Constitution de 1958 est complété de façon qu'un État puisse devenir indépendant sans cesser de faire partie de la Communauté. Pour cela des accords doivent être conclus. Ces accords furent conclus entre la France et l'État concerné et la conclusion de ces Accords conduisit rapidement à l'Indépendance et à la fin de la Communauté. Par des Accords de transfert de compétences, les États accédaient à l'Indépendance, des accords de coopération réglèrent le maintien des liens avec l'ancienne puissance coloniale. La négociation de ces accords se fit le plus souvent de façon simultanée, ce fut le cas pour la République Centrafricaine.

Une répartition des compétences est instituée entre la Communauté et les États ainsi, sont de la compétence de la Communauté : la politique étrangère, la défense, la monnaie, la politique économique et financière commune ainsi que la politique des matières premières stratégiques.

3. L'ordonnance Plantey de 1958

Afin d'éviter tout vide juridique, l'Ordonnance 58.913 du 6 octobre 1958, dite « Ordonnance Plantey[16] », fixe certaines conditions d'application de l'art 76 et le régime provisoire des pouvoirs publics dans les territoires d'Outre-Mer ; ainsi l'article 2 prévoit :

> « *dans les États membres de la Communauté, les dispositions ayant valeur législative ou réglementaire en vigueur à la date du choix prévu*

---

[15] JO 8 juin p.5103.

[16] Du nom d'Alain Plantey (1924-2013), juriste, membre du Conseil d'État.

à l'article 76 de la Constitution restent applicables en leurs dispositions non contraires à la Constitution tant que leur modification ou leur abrogation n'ont pas été prononcées par les autorités compétentes en vertu de la Constitution et du nouveau statut desdits États ».

▶ C- LA TRANSITION JUDICIAIRE

1. Les principes généraux du contrôle de la justice

En ce qui concerne les autorités judiciaires et services administratifs, institués par les lois et règlements applicables lors de l'entrée en vigueur de la Constitution, elles continuent d'exercer leurs fonctions conformément aux lois et règlements jusqu'à la mise en place des autorités judiciaires et structures appelées à lui succéder.

La Constitution prévoit que sauf accord particulier, est également du ressort de la Communauté « le contrôle de la justice ». Que recouvrait cette notion ?

Deux décisions présidentielles du 12 juin 1959 fixent les modalités du contrôle de la justice, la première décision fixe les principes généraux du contrôle de la justice et la deuxième est relative aux conditions générales du contrôle de la justice.

La décision sur « les principes généraux du contrôle de la justice » définit en son article 1er ce qu'il faut entendre par « contrôle de la justice ». Le contrôle de la justice « *s'entend comme une mission supérieure confiée à la Communauté de veiller à ce que soit respecté l'idéal de justice et de liberté auquel ont souscrit les peuples des États membres* ». Les États membres doivent assurer l'exercice des droits et libertés des individus, le droit à l'application de son statut personnel est spécifiquement visé.

Chaque État organise et administre ses juridictions et la justice doit être rendue au nom du Peuple.

L'indépendance de la magistrature doit être assurée ainsi que l'inamovibilité des magistrats du siège. Les magistrats sont nommés par chaque État après agrément du président de la Communauté.

On pouvait se demander si le terme « contrôle » était employé dans le sens de contrôle de conformité ou de direction des actions. La deuxième décision répond à cette préoccupation en instituant le contrôle de conformité.

2. Le contrôle de conformité des décisions de justice

Les décisions rendues par chaque État sont exécutoires sur l'ensemble du territoire de la Communauté. L'article 4 dispose : « *le contrôle des décisions de justice, à l'exception de celles rendues en matière de droit traditionnel, s'exerce par la voie du recours en cassation soit devant le Conseil d'État, soit devant la Cour de cassation* », ces institutions siégeant en formation spéciale. La Cour de Cassation française devient ainsi juridiction de cassation pour les décisions rendues par les juridictions de l'ordre judiciaire des États membres et le Conseil d'État pour les décisions qui relève de l'ordre administratif. Quant au contentieux des actes administratifs de la Communauté, il est de la compétence du Conseil d'État français.

Les litiges entre États membres dans l'interprétation ou l'application du droit communautaire relèvent de la Cour Arbitrale de la Communauté et le contentieux de la justice militaire est du ressort des tribunaux militaires français.

Sur la base de toutes ces réformes, les États vont très vite évoluer vers l'Indépendance séparée. Qu'en est-il du territoire de l'Oubangui-Chari ?

II- De l'Oubangui-Chari à la République Centrafricaine : l'avènement de la première République indépendante

En application des dispositions de la Constitution de 1958, l'Assemblée Territoriale de l'Oubangui-Chari va adopter un certain nombre de délibérations qui prépareront l'Indépendance.

▸ A- LES DÉLIBÉRATIONS DE L'ASSEMBLÉE TERRITORIALE

1. L'organisation des pouvoirs provisoires

La délibération 199/58 de l'Assemblée territoriale de l'Oubangui-Chari a proclamé le Territoire de l'Oubangui-Chari « État membre de la Communauté » et l'a intitulé « République Centrafricaine » ceci en application de l'article 76 de la constitution de 1958 :

> Art.1 « *Le territoire de l'Oubangui-Chari opte pour le statut d'État membre de la Communauté créée par la Constitution du 4 octobre 1958.* »
>
> Art.2 « *L'État de l'Oubangui-Chari est une République qui s'intitule* « *République centrafricaine* ».

L'assemblée territoriale s'est érigée en « Assemblée constituante » qui sera également « Assemblée législative provisoire » jusqu'à la proclamation de la République centrafricaine (art.4).

L'Assemblée constituante a adopté la loi constitutionnelle 58-1 du 1er décembre 1958 instituant l'emblème national de la RCA.

Le 8 décembre 1958, la loi 58.2 porte organisation des pouvoirs provisoires et détermine les conditions de préparation et d'approbation de la Constitution de la RCA. Elle institue un gouvernement provisoire « *le conseil de gouvernement du territoire de l'Oubangui-Chari constitue le gouvernement provisoire de la République. Le président du gouvernement a rang et prérogatives de Premier ministre* ». Elle dispose en outre que les membres de l'Assemblée constituante porteront désormais le titre de « député à l'assemblée constituante de la RCA ». Et enfin, elle crée au sein de l'Assemblée un Comité constitutionnel chargé de préparer la Constitution de la RCA.

La loi 58.3 du 8 décembre 1958 détermine les pouvoirs du gouvernement provisoire, jusqu'à la promulgation de la Constitution, qui est ainsi habilité à prendre « *les dispositions qu'il jugera nécessaires à la conduite des affaires de la République* ». Sont cependant exclus de ses pouvoirs, tout ce qui peut concerner la Constitution de la République, l'exercice des libertés publiques et syndicales, la qualification des crimes et délits, la détermination des peines qui leur sont applicables, la procédure criminelle, l'aménagement des garanties fondamentales accordées au citoyen (art. 2).

2. La Constitution de la République Centrafricaine État membre de la Communauté : la Constitution du 16 février 1959

L'Assemblée Constituante adopte la première Constitution de la République Centrafricaine le 9 février 1959, elle est promulguée le 16 février. Barthélémy Boganda est alors Président du Gouvernement Provisoire. De façon tout à fait incongrue, cette Constitution est signée par plusieurs personnalités comme si l'on avait pensé que cela était nécessaire pour donner à ce texte toute sa force ou plus de crédibilité, ainsi elle est revêtue des signatures de B. Boganda, A. Goumba ministre des Finances et du Plan, D. Dacko, ministre de l'Intérieur, de l'Économie et du Commerce, R. Gbaguidi, ministre de l'Instruction publique et du Travail, M. Douzima, ministre de l'Agriculture, de l'Élevage, des Eaux, Forêts et Chasses, P.F. Maléombo, ministre des Travaux publics, des Transports et des Mines, A. Sato, ministre de la Santé publique et des Affaires sociales.

Cette Constitution institue un **régime parlementaire** sur la base du multipartisme « *les partis et groupements politiques concourent à l'expression des suffrages* ».

Le pouvoir législatif est représenté par l'Assemblée législative qui est élue pour 5 ans au suffrage universel direct et secret. L'assemblée procède à l'investiture du président du Gouvernement de la République. Une fois désigné par l'assemblée, le président assume la totalité du pouvoir exécutif. Il nomme les ministres et met fin à leur fonction.

L'assemblée vote la loi, le gouvernement peut demander à l'assemblée l'autorisation de prendre par Ordonnances, dans un délai limité, des mesures qui sont du domaine de la loi et ces ordonnances sont prises en Conseil des ministres.

L'initiative des lois appartient concurremment au président du gouvernement, au conseil des ministres et aux députés.

Les lois auxquelles la Constitution confère le caractère de lois organiques sont votées et modifiées à la seule initiative du gouvernement et à la majorité absolue des députés.

Le président du Gouvernement peut, par décret pris en conseil des ministres, prononcer la dissolution de l'Assemblée législative. Il est alors procédé à de nouvelles élections dans un délai maximum de 2 mois. (Art.31)

Une motion de censure peut destituer le gouvernement, celle-ci doit porter le nom du successeur au président, il faut pour le dépôt qu'elle soit signée d'un tiers des députés composant l'assemblée. Pour être adoptée, la motion de censure doit recueillir la majorité des 2/3 des suffrages des députés composant l'assemblée. Si la motion est adoptée, le nouveau président prend immédiatement ses fonctions.

Il est précisé par l'article 33 que la justice constitue une autorité indépendante du législatif et de l'exécutif. L'article 34 traite de la juridiction administrative et précise ses fonctions : elle est juge de l'excès de pouvoir, de la responsabilité de la puissance publique et des élections autres que celles des députés. Pour l'élection des députés, une commission de vérification des pouvoirs est prévue qui est juge de l'éligibilité des députés et de la régularité de leur élection.

La révision de la Constitution devait se faire à l'initiative du président du gouvernement ou de l'Assemblée législative, la proposition de révision devant être signée par un tiers des députés. La révision devait être votée à la majorité des 2/3 des membres composant l'assemblée. Si le projet a été voté à la majorité simple, il peut être soumis à referendum par le président du gouvernement.

La Constitution précise qu'à compter de son adoption, le gouvernement provisoire devient gouvernement de la République Centrafricaine et le président du gouvernement, président de la République.

À la suite du décès du Président Boganda survenu le 29 mars 1959 dans un accident d'avion, l'ordonnance 59/52 du 8 avril 1959 a désigné Abel Goumba, ministre des Finances et du Plan, comme Président du gouvernement jusqu'à l'investiture du Président du gouvernement par la nouvelle Assemblée législative. Le 30 avril, l'Assemblée législative de la RCA donnait à David Dacko l'investiture à la présidence du gouvernement et la loi 60.156 du 14 août 1960[17] conférera au président du gouvernement de la RCA les titres et prérogatives de chef de l'État centrafricain.

▶ B- LE TRANSFERT DES COMPÉTENCES ET LE DÉBUT DE LA COOPÉRATION

À l'approche de l'Indépendance, les anciennes colonies africaines de la France ont signé avec cette dernière un certain nombre d'accords au contenu identique.

1. Le Protocole du 5 juillet 1960

Signé entre la République Française et la République Centrafricaine, ce Protocole fixait les principes généraux de base de ces Accords :

> « *1. Les compétences de la Communauté seront transférées à la RCA sans que cet État cesse pour autant de faire partie de la Communauté.*
>
> *2. Simultanément avec* **les Accords de Transfert**, *la RCA négociera des* **Accords de coopération** *avec la République Française. Ces Accords de coopération seront paraphés en même temps que seront signés les Accords de Transfert.*
>
> *Dans les domaines où le Gouvernement de la RCA entendrait coordonner sa politique avec d'autres États, par exemple, en ce qui concerne la défense et les relations économiques, monétaires et financières, les Accords avec la République française pourraient être négociés et conclus en commun avec lui et ces États* ».

---

17 JORCA 1960 p.478

Deux séries d'accord ont effectivement été conclues par les États membres de la Communauté avec la France : des accords de transfert de compétences dans le cadre de l'obtention de l'Indépendance et des accords de coopération.

2. L'Accord de transfert de compétences du 12 juillet 1960

Selon l'article 1er de l'accord de transfert de compétences du 12 juillet 1960 intitulé « Accord particulier portant transfert à la RCA des compétences de la Communauté »,

> « *la RCA accède, en plein accord et amitié avec la République française, à la souveraine internationale et à l'indépendance par le transfert des compétences de la Communauté* ».

3. Les Accords relatifs aux dispositions transitoires

Un accord relatif aux dispositions transitoires applicables jusqu'à l'entrée en vigueur des accords de coopération est également conclu le 12 juillet et enfin, un accord datant également du 12 juillet 1960, est relatif aux dispositions transitoires en matière de justice. Cet accord prévoit que la Cour de Cassation française et le Conseil d'État demeureront compétents pour les recours formés contre les décisions des juridictions centrafricaines de l'ordre judiciaire ou administratif, jusqu'à l'installation de juridictions centrafricaines compétentes d'une part et que d'autre part, les décisions rendues par les juridictions tant françaises que centrafricaines continueront jusqu'à la fin de la période transitoire à être exécutées sur le territoire de l'autre État.

4. Les Accords de coopération

Suivent ensuite un certain nombre d'accords de coopération particuliers datés du 13 août 1960, accords qui avaient été paraphés le 12 juillet 1960 : un accord de coopération en matière de politique étrangère, un accord concernant l'assistance militaire technique, un accord en matière d'aide, en matière domaniale, un accord de coopération culturelle, et une convention d'établissement.

Des accords multilatéraux sont également conclus le 13 août 1960, entre la France d'une part et la RCA, la République du Congo et la République du Tchad d'autre part : un accord de Défense comportant 4 annexes, et un accord sur les droits fondamentaux des nationaux, et deux autres accords conclus le 15 août 1960 : un accord relatif à l'enseignement supérieur et un accord de coopération monétaire, économique et financière.

La loi française N 60.733 du 28 juillet 1960 a approuvé les accords particuliers signés le 12 juillet 1960 entre le Gouvernement de la République française d'une part et les gouvernements respectifs de la République Centrafricaine, de la République du Congo, de la République du Tchad d'autre part. Ainsi, sont approuvés en ce qui concerne la République centrafricaine : l'accord particulier portant transfert à la RCA des compétences de la Communauté, l'Accord relatif aux dispositions transitoires applicables jusqu'à l'entrée en vigueur des accords de coopération entre la RF et la RCA, l'accord relatif aux dispositions transitoires en matière de justice et l'accord sur la participation de la RCA à la Communauté.

La loi 60.152 du 26 juillet 1960 adoptée par l'Assemblée législative centrafricaine a ratifié les accords de transfert de compétences et la loi 60.153 du 26 juillet 1960 a approuvé les accords paraphés le 12 juillet 1960 et a autorisé le gouvernement à les signer dès la proclamation de l'indépendance.

La République Centrafricaine proclame son indépendance le 13 août 1960. C'est sur cette base politique, administrative et judiciaire décrite ci-dessus qu'elle construira son organisation administrative et juridictionnelle.

CHAPITRE II

LES DÉBUTS DE L'ORGANISATION CONSTITUTIONNELLE ET JURIDICTIONNELLE CENTRAFRICAINE : 1960-1965

La nouvelle République dispose d'un territoire de 623.000 Km2. Tout est à développer. Il faut tenter de satisfaire les besoins essentiels des populations qui ont rêvé d'indépendance, de liberté ; elles sont alors convaincues que la RCA indépendante va leur apporter le bien-être sinon le bonheur ; elles sont habitées par la fierté d'être centrafricaines, de faire partie du concert des nations souveraines, les espoirs sont immenses… les désillusions seront grandes !

❖ SECTION I- LA DÉRIVE IMMÉDIATE VERS LA DICTATURE

I- LA CONCENTRATION DES POUVOIRS ET LA RÉPRESSION

▶ A- LES LOIS DU 12 DÉCEMBRE 1960

Seulement quatre mois après l'Indépendance, un certain nombre de lois vont être adoptées qui sont la manifestation d'une dérive totalitaire certaine qui ne correspondait certainement pas à ce que les « pères de l'Indépendance » avaient voulu ni à ce dont les populations avaient rêvé. La seule date du 12 décembre 1960, donc un jour avant la promulgation de la Constitution, correspond à l'adoption d'un certain nombre de lois promulguées par le Président de la République. On peut affirmer, sans craindre de se tromper, que l'enlisement de la RCA dans les coups d'État, les troubles divers, les souffrances des populations, la mise à mal des droits de l'Homme ont bel et bien commencé par ces textes qui ont fait le lit juridique de tout ce qui suivra. Il y a donc lieu d'affirmer que contrairement à une idée reçue, le totalitarisme en RCA n'a pas commencé avec Bokassa, mais bien sous Dacko, même si celui-ci n'a peut-être pas eu les moyens ni le temps de mettre en œuvre ces textes, il en porte la responsabilité, lui et les députés de la première assemblée de la jeune République Centrafricaine, pour la seule raison de les avoir inscrits comme lois de l'État. Il s'agit au total de sept lois et d'un décret.

Ainsi, dès le 12 décembre 1960 seront promulguées 4 lois antidémocratiques.

1. Les mesures de déportation et d'assignation à résidence

La première de ces lois est la loi 61.171 du 12 décembre 1960 frappant de mesures administratives les personnes dont les agissements sont dangereux pour la sécurité publique. Il s'agit de mesures d'éloignement, qui sont tout simplement de la déportation d'opposants politiques, de mesures de résidence obligatoire qui correspondent à une assignation à résidence violant la liberté d'aller et de venir de ces hommes.

2. La répression inscrite dans les lois de la République

La deuxième loi est la loi 60.168 du 12 décembre 1960 réprimant les actes de résistance et de désobéissance envers les autorités publiques[18].

La troisième loi, est la loi 60.169 du 12 décembre 1960 portant répression des écrits subversifs[19].

La quatrième loi, est la loi 60.170 du 12 décembre 1960 permettant la dissolution des partis politiques, syndicats, associations ou organisations troublant l'ordre public[20] : l'art.1 de cette loi prévoit que le président de la République pourra par décret dissoudre tout parti politique, syndicat, association ou organisation quand il sera jugé que celui-ci ou celle-ci trouble l'ordre public, or chacun sait que c'est l'exécutif qui apprécie le trouble à l'ordre public.

---

[18] JORCA 1960 p.668.
[19] JORCA 1960 p.668
[20] JORCA 1960 p.668

Dans la foulée, la Constitution sera adoptée le lendemain, 13 décembre 1960, elle subira des révisions tout à fait regrettables qui aboutiront à sa mise à mort.

▶ B- LA COURTE EXPÉRIENCE DU RÉGIME PARLEMENTAIRE : LA CONSTITUTION DU 13 DÉCEMBRE 1960

La Constitution entre en vigueur le 13 décembre 1960[21]. Cette Constitution instaure un régime parlementaire basé sur les principes démocratiques, avec la séparation des pouvoirs législatif, exécutif et judiciaire ; la République est une et laïque, la souveraineté appartient au peuple qui l'exerce à travers ses représentants ou par la voie du referendum, le mode d'élection des députés et du chef de l'État est le scrutin secret, universel, le président est élu pour 5 ans. L'indépendance des magistrats du siège est proclamée par la Constitution. Le Conseil supérieur de la Magistrature garantit l'indépendance des magistrats du siège et un Conseil Constitutionnel est institué qui a notamment la responsabilité de veiller à la constitutionnalité des lois et à la régularité des élections.

Les lois adoptées la veille de l'entrée en vigueur de la Constitution étaient en contradiction flagrante avec les principes contenus dans la Loi fondamentale, mais la dérive du régime vers le totalitarisme va se poursuivre.

▶ C- LES LOIS ET RÈGLEMENTS RÉPRESSIFS DE 1960 A 1964

Les principes démocratiques vont être mis mal sous la Première République indépendante. Le régime du Président Dacko adoptera de nouvelles lois contraires aux principes démocratiques et remaniera à plusieurs reprises la Constitution pour renforcer les pouvoirs du chef de l'État et instaurer le totalitarisme.

---

[21] JORCA 15 décembre 1960

1. L'institution d'un Tribunal Spécial

Une cinquième loi, la loi 62.320 du 9 mai 1962 institue un Tribunal Spécial[22]. Ce Tribunal est compétent pour les incriminations suivantes : les crimes et délits contre la sûreté intérieure et extérieure de l'État, les crimes et délits politiques, et ceux de droit commun qui leur sont connexes et même les crimes et délits de droit commun déterminés en tout ou en partie par des motifs d'ordre politique ! Ce Tribunal est composé d'un magistrat, président, de 2 assesseurs, d'un commissaire du Gouvernement, d'un greffier. Les assesseurs sont désignés par décret du Président de la République et les membres du parquet peuvent être choisis hors de la magistrature sans même qu'il soit précisé le profil des personnes qui peuvent être choisies, il pouvait ainsi s'agir de non-juristes. De surcroît, le Tribunal Spécial statue en dernier ressort, aucun appel de ses décisions n'est recevable et les constitutions de parties civiles ne sont pas recevables non plus.

2. Le pouvoir de révocation immédiate des fonctionnaires par le chef de l'État

La sixième loi est la loi 62.364 du 28 décembre 1962 accordant un pouvoir spécial de révocation au chef de l'État[23]. Il y est dit que le président de la République, président du gouvernement, pourra prononcer *« immédiatement »* la révocation des fonctionnaires coupables de manquements graves, dûment constatés, dans l'exercice de leur fonction. Ces dispositions violent, de façon manifeste, le statut des fonctionnaires et les droits fondamentaux de la défense. Les manquements doivent être constatés et non pas établis, ce qui laisse un pouvoir de révocation au chef de l'État sans possibilité pour le fonctionnaire d'exercer son droit d'être défendu.

---

[22] JORCA 1962 p.369
[23] JORCA 1963 p.30

3. La double peine pour les personnes jugées dangereuses

La septième loi 64.20 du 6 mai 1964[24] revient sur les personnes dont les agissements sont jugés dangereux pour l'ordre et la sécurité publique en détaillant les situations susceptibles de tomber sous le coup de la loi et en précisant les mesures coercitives qui peuvent être prises à leur encontre. Ainsi l'article 2 de la loi précise que les personnes qui sont dangereuses pour « *le crédit de l'État ou tendent manifestement à compromettre l'édification de la nation centrafricaine* » ces personnes donc pourront par arrêté du ministre de l'Intérieur et ceci indépendamment des poursuites judiciaires, soit subir des mesures d'éloignement sans assignation à résidence, soit être assignées à résidence en dehors du lieu où elles résident.

4. La création de comités de vigilance

Le décret 64/330 du 6 novembre 1964[25] crée des comités de vigilance dans chaque préfecture qui sont ni plus ni moins des centres d'espionnage des citoyens et de délation, ces comités sont présidés par le préfet, le vice-président est le membre du comité directeur du MESAN représentant la circonscription, sont membres les sous-préfets, les présidents des sections et des sous-sections du MESAN, les chefs de PCA, les maires… et même les députés ! Ces comités peuvent auditionner qui bon leur semble, ils formulent ensuite un avis qui est transmis au président du Parti. Ils sont chargés d'émettre un avis sur *« tous les problèmes ayant une incidence politique sur la vie de la préfecture »* (art.1). En outre, le texte précise en son article 2 que c'est un « *droit* » pour tout citoyen « *de porter à la connaissance du comité de vigilance les faits dont il a eu connaissance et qui lui paraissent mettre en danger l'unité de la nation ou la pérennité des institutions* » ainsi, on transforme chaque citoyen en espion et en délateur par la force des textes et on inocule de cette façon la peur et la division, le goût de la rumeur, qui vont

---

[24] JORCA 1964 p.413
[25] JORCA 1964 p.684

régner sous Bokassa et perdurer dans les comportements des Centrafricains.

Tous ces textes ont marqué le début du totalitarisme qui va s'implanter en RCA. Ce régime est d'autant plus inexcusable qu'à cette époque il n'existait que trois partis politiques, les médias privés étaient inexistants, les intellectuels étaient également très peu nombreux et ne pouvaient par conséquent contrecarrer les actions gouvernementales ; c'est donc de façon tout à fait délibérée que ces mesures ont été prises, on pourrait même affirmer qu'elles ont été prises de façon préventive pour contrecarrer toute velléité de revendications politiques ou sociales. Ces textes musèlent le citoyen centrafricain, ils éliminent l'opposition démocratique et ils engendrent un climat de peur et tout cela pour un seul but : maintenir un régime au pouvoir !

II- L'INSTAURATION DU PARTI UNIQUE ET L'ABROGATION DE LA CONSTITUTION DE 1960

▶ A- LE MESAN, PARTI UNIQUE, PARTI-ÉTAT

Le Mouvement pour l'Évolution Sociale de l'Afrique Noire (MESAN[26]) est institué parti unique, parti État.

La loi 62.365 du 28 décembre 1962[27] porte révision constitutionnelle, cette révision va remettre en cause les règles fondamentales de la démocratie. Ainsi, l'alinéa dernier de l'article 2 de la Constitution est abrogé et remplacé par le texte suivant :

> « *Le peuple exerce librement et démocratiquement sa souveraineté au sein d'un mouvement national unique : le mouvement d'Évolution sociale de l'Afrique Noire (MESAN)* ».

---

[26] Après l'échec de l'Union Oubanguienne créé en 1947, le MESAN a été fondé par B. Boganda le 28 septembre 1949. Quand il devient parti unique en 1962, le MEDAC (Mouvement d'Évolution Démocratique d'Afrique Centrale) fondé par Abel Goumba en août 1960, se trouve automatiquement exclu. C'était d'ailleurs l'objectif principal de ce décret.

[27] JORCA 1963 p.31

Ceci est une violation flagrante des principes de la démocratie, c'est tout simplement la remise en cause de celle-ci. Elle instaure le parti unique dans la Constitution et donne à ce parti les moyens de contrôler les personnes et l'État. L'article 5 est tout à fait significatif, il est complété par les dispositions suivantes :

> « *Toutefois, sur proposition du Comité Directeur du MESAN, l'Assemblée Nationale peut déchoir de leur mandat les députés coupables de graves manquements à leurs devoirs de représentants du peuple* ».

Même pour la nomination des membres du gouvernement, l'avis du parti est désormais requis : le deuxième alinéa de l'article 11 de la Constitution est modifié comme suit :

> « *sur avis du Comité Directeur du MESAN, il (le chef de l'État) nomme les ministres et les secrétaires d'État qui sont responsables devant lui et met fin à leurs fonctions* ».

▶ B- LES AUTRES RÉVISIONS CONSTITUTIONNELLES

1. La révision du mandat présidentiel

La Constitution est révisée une deuxième fois par la loi 63.426 du 19 novembre 1963 portant révision constitutionnelle. Cette révision porte le mandat présidentiel de 5 à 7 ans et dans la foulée, un décret du Président de la République datant du lendemain, le 20 novembre, convoque le corps électoral pour l'élection du Président de la République ! Le 5 janvier 1964, David Dacko est élu président de la République avec plus de 99 % des voix. Les résultats du scrutin sont publiés par le Conseil Constitutionnel le 15 mars 1964[28] : électeurs inscrits : 728 981, votants : 613 000, suffrages exprimés : 602 964, candidat du MESAN 596 687.

---

[28] JORCA 1964 p.304

2. L'abrogation de la Constitution de 1960

La loi 64/37 du 26 novembre 1964 abroge la Constitution[29]. Sont introduites dans cette loi constitutionnelle les révisions qui sont intervenues tout en continuant par ailleurs à affirmer que la République est démocratique et que le peuple est souverain. « *La souveraineté appartient au peuple qui l'exerce librement et démocratiquement soit par ses représentants, soit par la voie du referendum, soit au sein du MESAN* ». Et le texte poursuit : « *aucune section du peuple ni aucun individu ne peut s'en attribuer l'exercice !* » On affirme quelque chose et en même temps son contraire ! L'article 11 va encore plus loin « *Le MESAN est l'instance suprême de la République. Il est le mouvement politique national unique…* »

À la lecture de ces textes, on est tenté de dire que le coup d'État du colonel Bokassa opéré dans la nuit du 31 décembre 1965 au 1er janvier 1966 a été salvateur si ce n'est que, celui qui deviendra Président de la République, puis Président à vie et enfin Empereur de Centrafrique, bâtira son régime sur cette dérive au lieu de l'arrêter.

Qu'en était-il en matière de justice ?

❖ **SECTION II** - LES CHOIX OPÉRÉS EN MATIÈRE D'ORGANISATION DE LA JUSTICE

À la suite de l'Indépendance et à l'adoption de la Loi Fondamentale, un foisonnement de textes suivra tendant à l'organisation de la justice dans la jeune République, l'examen de ces textes démontre que la RCA a opté pour la construction d'une justice moderne basée sur les principes révolutionnaires français, cette organisation est également le reflet du manque de moyens tant financiers qu'humains. La RCA dispose de peu de magistrats formés, les auxiliaires de justice sont quasiment inexistants, les infrastructures en

[29] JORCA 1965 p.23

nombre nettement insuffisant sont concentrées à Bangui, il faut avec cela construire l'organisation judiciaire.

Les choix opérés en matière d'organisation judiciaire seront-ils, eux, judicieux ?

I- Les principes retenus en matière de justice et le début de la déconcentration judiciaire

▶ A- Des principes démocratiques pour la justice centrafricaine

Le principe de la séparation de l'ordre judiciaire et de l'ordre administratif

Les principes retenus en matière de justice découlent tant de la Constitution que des textes qui seront adoptés dans ce domaine. Parmi ces principes figure le principe de la séparation de l'ordre judiciaire et de l'ordre administratif. En effet, dès 1959 la loi 59/14 du 8 juin 1959 porte création d'une juridiction administrative centrafricaine[30], elle est créée à Bangui, tribunal statuant en premier ressort, l'appel devait être porté devant le Conseil d'État français en application des textes sur la Communauté. Le Décret 60 /70 du 16 avril 1960 organisera le tribunal administratif et fixera les règles de procédure[31]. Cependant, la loi 64-15 du 26 novembre 1964 réorganisera la juridiction administrative en remettant en cause la séparation, en effet cette loi abroge la loi 59/14 et dispose en son article 2 « *la juridiction administrative est constituée en section du tribunal de Grande Instance de Bangui* ».

La publicité des audiences

Le principe de la publicité des audiences figure dans les textes organisationnels, ainsi que celui du double degré de juridiction, de la séparation des fonctions civiles et pénales.

---

[30] JORCA 15 février 1960 p.142

[31] JORCA 15 mars 1960 p.354

Le contrôle de la constitutionnalité des lois par un Conseil Constitutionnel

Le contrôle de la constitutionnalité des lois est institué par la loi organique 61/238 fixant la composition, l'organisation et le fonctionnement du Conseil Constitutionnel[32]. Le Conseil Constitutionnel a une composition essentiellement administrative, le ministre de la Justice en est le président, 2 membres sont désignés par le gouvernement, dont un magistrat, 2 membres désignés par le bureau de l'Assemblée nationale, 2 auditeurs juristes désignés par les membres pour l'étude des affaires. Il n'y a donc pas d'indépendance de cette structure tant vis-à-vis du pouvoir exécutif que vis-à-vis du pouvoir législatif.

La professionnalisation de la magistrature

La professionnalisation de la magistrature est requise ainsi que son indépendance même si celle-ci ne tentera de s'imposer que petit à petit au fil des années et des réformes. Le statut des magistrats fait l'objet de la loi 62/367 du 1er février 1963[33], elle sera modifiée par la loi 63/417 du 26 novembre 1963 et la loi 65/76 du 23 décembre 1965 en ce qui concerne la période étudiée. La loi 62/290 du 30 avril 1962[34] institue un Conseil Supérieur de la Magistrature, et la loi 62/261 du 24 novembre 1962 fixe les règles de fonctionnement du Conseil Supérieur de la Magistrature.

▶ B- LA VOLONTÉ DE DÉCENTRALISER L'ORGANISATION JUDICIAIRE

1. Les textes organisant la justice centrafricaine

L'organisation judiciaire est inaugurée par la loi 60.182 du 17 janvier 1961 organisant la justice en RCA[35], qui sera rapi-

[32] JORCA 1961 p.317
[33] JORCA 1963 p.174
[34] JORCA 1962 p.316
[35] JORCA 1961 p.31

dement suivi de la loi 60.183 du 28 janvier 1961 fixant l'organisation des Tribunaux en RCA[36] et du décret 61/050 du 17 mars 1961 pris en application de la loi précédente fixant le ressort et la composition des Tribunaux[37].

Puis vient la loi 61/250 qui porte organisation judiciaire[38], le décret 62/099 du 12 avril 1962 portant organisation judiciaire[39], le décret 65-118 du 7 mai 1965 portant création des justices de paix a compétence ordinaire et modifiant l'article 10 du décret 62-099[40], et enfin la loi 65/75 du 23 décembre 1965[41] qui sera appliquée dans le régime suivant.

Rappelons qu'au moment de l'Indépendance, il existait 3 tribunaux de première instance (Bangui, Bambari et Berberati), des justices de paix à compétence étendue (Bozoum, Bossangoa, Fort-Crampel[42], Bangassou), des justices de paix à compétences limitées, des justices de paix à compétence ordinaire, une Cour d'Appel dont le siège était à Brazzaville, la Cour de Cassation était la Cour de Cassation française. Le 18 octobre 1960, un décret a institué provisoirement une juridiction d'Appel à Bangui.

2. La structure de l'organisation judiciaire

La loi 60.182 du 17 janvier 1961, la loi 60-183 du 28 janvier 1961 et le décret 61.050 du 17 mars 1961[43] cités ci-dessus fixent l'organisation judiciaire centrafricaine : une Cour d'Appel, une Cour Criminelle, des Tribunaux de première instance, des justices de paix investies d'attributions correctionnelles limitées, des justices de paix à compétence ordinaire et des juridictions coutumières. La Cour de cassation française reste compétente pour les arrêts rendus par la

---

[36] JORCA 1961 p.64
[37] JORCA 1961 p.134
[38] JORCA 1961 p.543
[39] JORCA 1962 p.290
[40] JORCA 1965 p.410
[41] JORCA 1966 p.26
[42] Aujourd'hui Kaga-Bandoro.
[43] JORCA 1961 p.134

Cour d'appel, la cour criminelle et la chambre de mise en accusation.

La Cour d'Appel

La Cour d'Appel dont le ressort s'étend sur toute la République siège à Bangui. Elle est composée d'un président, d'un procureur général, de deux conseillers et d'un greffier. La Cour d'Appel connaît des jugements rendus en premier ressort par les juridictions de première instance, à l'exception des décisions des juridictions coutumières (art.3 loi 60/183). Elle siège également comme cour d'annulation, elle connaît alors des pourvois formés contre les jugements rendus en dernier ressort, mais seulement pour incompétence, excès de pouvoir ou violation de la loi. Elle siège également en chambre d'homologation.

La Cour Criminelle

La Cour Criminelle siège à Bangui et elle est composée du président de la Cour d'Appel ou d'un conseiller président, de deux magistrats ou à défaut de 2 fonctionnaires, de deux assesseurs (des fonctionnaires désignés sur liste par tirage au sort par une commission composée de magistrats et d'un représentant du ministère de l'Intérieur. Les listes sont établies par le chef de région) du procureur général ou du procureur de la République qui peut aussi être remplacé par tout magistrat du parquet, et d'un greffier.
Une chambre de mise en accusation est créée auprès de la cour d'appel à Bangui.

Les tribunaux de Première Instance

Les tribunaux de Première instance sont installés à Bangui, Bambari et Berberati. Des sections sont rattachées aux tribunaux de première instance. Sont rattachées à Bangui, les sections de tribunal de Fort-Sibut et Bossangoa ; sont rattachées à Berberati, les sections de tribunal de Bouar et Bozoum et sont rattachées à Bambari, Bangassou et Ouadda (loi 60.183).

En matière civile et commerciale, la compétence est répartie entre les tribunaux de première instance et les tribunaux coutumiers. En matière pénale, les tribunaux de première instance sont compétents pour les délits et les contraventions commis dans leur ressort.

Les présidents des tribunaux et les juges de sections remplissent les fonctions dévolues aux Justices de Paix dans les limites de leur ressort.

La réforme de 1961 : le renforcement de la modernisation

La loi 61-250 du 15 novembre 1961[44] va renforcer la modernisation et tenter de pallier le manque de moyens.

Elle institue une Cour suprême, une Cour d'Appel, une Cour Criminelle, des Tribunaux de Grande Instance, et des Tribunaux d'Instance, elle programme la suppression des justices de paix.

Au niveau du Tribunal de Grande Instance et des Tribunaux d'Instance les jugements sont rendus par un seul magistrat.

En matière civile et commerciale, la compétence du tribunal de Grande Instance est celle qui était dévolue au Tribunal de première Instance et la compétence des tribunaux d'instance celle dévolue aux justices de paix.

Le Tribunal d'Instance est composé d'un président, d'un juge éventuellement qui a également la qualité d'OPJ, un greffier en chef et des greffiers. Les Présidents de Tribunaux d'instance sont en même temps Procureurs de la République et juges d'instruction, s'il y a un juge, celui-ci remplit alors les fonctions de juge d'instruction.

Le décret 62.099 du 12 avril 1962 porte organisation judiciaire[45]. Il complète la composition de la Cour d'Appel par un avocat général, un greffier en chef et des greffiers. Il fixe le nombre et le siège des Tribunaux de Grande instance à

[44] JORCA 1961 p.543
[45] JORCA 1962 p.290

Bangui, Bambari et Berberati, et fixe leur composition : 1 président, 1 vice-président, 3 juges, 1 procureur et 2 substituts, 1 greffier en chef et 6 greffiers. Il crée des Tribunaux d'Instance de première et deuxième classe à Bangassou, Bouar, Sibut, Bossangoa et Bozoum et fixe leur composition : 1 magistrat, président, et éventuellement 1 second magistrat juge, 1 greffier en chef et le cas échéant, un greffier. Les juges de section deviennent présidents des Tribunaux d'instance.

Les tribunaux de Grande instance sont divisés en Tribunaux de première, deuxième et troisième classe. Les TGI de première et deuxième classes sont composés d'un président, un ou plusieurs juges, un procureur et un ou plusieurs substituts, ils sont assistés de greffiers tandis que les TGI de troisième classe ne comprennent qu'un seul magistrat. En ce qui concerne les TI, la loi prévoit qu'ils sont institués par décret.

La création de la Cour Suprême et la suppression du Conseil d'État

La loi 61/249 du 15 novembre 1961[46] modifiée par la loi 63/418 du 26 novembre 1963 crée la Cour Suprême et organise son fonctionnement. Elle est composée d'un président, d'un vice-président, de 4 conseillers, du Ministère public qui comprend un procureur général et des avocats généraux.

En dehors de magistrats, les textes prévoient (loi du 26 novembre 1963, art.3) que les membres de la Cour Suprême peuvent être choisis parmi : les professeurs de droit et agrégés des facultés de droit, les personnalités possédant, en raison des fonctions par elles exercées, une haute qualification juridique ; les avocats, experts comptables brevetés comptant dix années d'exercice de leur profession ; les fonctionnaires comptant dix années de service public et titulaires d'une licence de l'enseignement supérieur ou d'un diplôme admis en

---

[46] JORCA 1961 p.527

équivalence, sauf, que ces conditions en 1963, disqualifiaient quasiment tout candidat centrafricain !

La compétence de la Cour suprême

Elle est compétente pour les conflits d'attribution entre l'autorité administrative et l'autorité judiciaire et tient ainsi le rôle du Tribunal des Conflits ; elle est juge d'appel des décisions des tribunaux administratifs, et de ce fait tient le rôle du Conseil d'État, elle connaît des recours en cassation pour incompétence, violation de la loi ou de la coutume, elle se prononce sur les demandes en révision, les demandes de renvoi d'une juridiction à une autre, les contrariétés de jugements ou arrêts rendus en dernier ressort, elle juge également les comptes des deniers publics et contrôle la gestion financière et comptable des entreprises nationales et des EPIC ce en quoi elle tient le rôle de la Cour des comptes.

La Cour Suprême sera installée le 2 mai 1962.

La création des Tribunaux du Travail

La Loi 61.221 du 2 juin 1961 institue le Code du Travail[47] et c'est un décret, le Décret 64.315 qui porte création des Tribunaux du Travail en RCA et le Décret 65.020 du 15 janvier 1965, fixe les sièges et ressorts des Tribunaux de travail en RCA qui sont les suivants : Bangui, Sibut, Bossangoa, Bambari, Bangassou, Bouar, Bozoum, Berberati.

II- LA JUSTICE DE PAIX ET LA JUSTICE TRADITIONNELLE EN QUESTION

▶ A- LA SUPPRESSION PROGRESSIVE DES JUSTICES DE PAIX

1. Les dispositions transitoires

Au moment de l'adoption de la loi 61-250 du 15 novembre 1961 prévoyant la suppression des justices de paix il y en a de deux sortes : les justices de paix à attributions cor-

---

[47] JORCA 1er juillet 1961

rectionnelles limitées qui connaissent de certains délits fixés par les textes et les justices de paix à compétence ordinaire en matière civile et commerciale.

De façon transitoire, la loi prévoit que les présidents des tribunaux d'instance et les juges de sections remplissent les fonctions de juge de paix dans les limites de leur ressort, mais des décrets peuvent charger les chefs de circonscription administrative des fonctions attribuées aux juges de paix (Art.20)

Le décret 62-099 du 12 avril 1962 deux ans après, très certainement face à l'incapacité de réaliser la suppression des justices de paix compte tenu des moyens et des besoins, prévoit que les justices de paix continueront à fonctionner jusqu'à leur transformation en Tribunal d'instance et que les fonctions de juge de paix à compétence ordinaire seront exercées par les préfets assistés d'un greffier (art.10)

Le décret 65/118 du 7 mai 1965[48] porte création de justices de paix à compétence ordinaire.

Cependant, la loi 65/75 du 23 décembre 1965 ne fait plus état des justices de paix, on peut donc considérer qu'elles seront effectivement supprimées par ce texte.

2. Fallait-il supprimer les justices de paix ?

Les justices de paix ont ceci de particulier qu'elles servent de transition entre une justice traditionnelle et une justice moderne.

En France, la loi des 16-24 août 1790 crée dans chaque chef-lieu de canton des juges de paix en remplacement des justices seigneuriales, elle suit la révolution de 1789 qui a posé les bases de la justice moderne. Cette justice de paix avait pour objectifs de rendre, pour les litiges de la vie quotidienne, une justice rapide, simple et peu coûteuse, privilégiant la conciliation ; ainsi la procédure de conciliation préalable devant le juge de paix sera instituée par les lois des 25

---

[48] JORCA 1965 p.410

mai 1838 et 2 mai 1855. L'ordonnance du 22 décembre 1958 reforme l'organisation judiciaire en supprimant les 2902 juges de paix. Ils sont remplacés par 455 tribunaux d'Instance dotés de magistrats professionnels. Ainsi, les justices de paix ont perduré 168 ans !

Les justices de paix ont été introduites en Oubangui-Chari par la puissance coloniale en 1910, la décision de leur suppression intervient en 1961, elles auront duré 51 ans. Et pourtant le vide qu'elles ont laissé se fait toujours sentir particulièrement après la suppression des tribunaux coutumiers. La République Centrafricaine cherche toujours les voies et moyens de rapprocher la justice du justiciable de façon plus efficace en tenant compte des moyens limités dont elle dispose pour assurer la mission de justice sur toute l'étendue du territoire.

Des justices de paix remaniées auraient pu être un outil efficace alliant la conciliation et les décisions de justice et remplacer ainsi les Tribunaux coutumiers, mais encadrées par une législation étatique, unifiée, avec des juges formés, mais dont les modules de formation différeraient de ceux des magistrats des autres Tribunaux, avec un fonctionnement plus souple, une justice plus proche du justiciable tant du point de vue géographique que du point de vue de sa saisine et de ses règles de fonctionnement.

▶ B- VERS LA SUPPRESSION DE LA JUSTICE TRADITIONNELLE

1- Une justice de droit traditionnel basée sur la conciliation

La justice de droit traditionnel est rendue par des Tribunaux du 1er degré, par des Tribunaux du 2ème degré, en appel, et par la Chambre d'homologation.

La loi reconnaît aux chefs coutumiers des pouvoirs de conciliation à l'exception des matières relatives à l'état des personnes, à la famille, au mariage, au divorce et à la filiation. L'accord de conciliation, qui est verbal ou écrit, peut être déféré par le Procureur de la République, à sa propre initiative ou à la demande d'une partie, à la Chambre d'homologation pour annulation s'il est estimé qu'il est contraire à l'ordre public. L'exécution de l'accord repose sur la bonne foi des parties, ce qui limite considérablement son application effective.

Il est précisé que les tribunaux du 1er et 2ème degré appliquent exclusivement la coutume des parties (art.60), or, si les chefs coutumiers connaissent leurs propres coutumes, ils sont ignorants dans la plupart des cas des multiples coutumes variant entre les multiples ethnies, ce qui ne facilite pas leur tâche ni l'applicabilité des décisions prises.

2. Une justice de droit traditionnel placée sous le contrôle de la justice moderne

Si la Cour d'Appel n'est pas compétente pour les décisions rendues par les juridictions coutumières (art.3 loi 60.182), en revanche, la chambre d'homologation est compétente pour les pourvois formés contre les jugements des juridictions coutumières.

L'article 13 de la loi 60.182 prévoit qu'en matière civile et commerciale, les personnes qui sont normalement de droit coutumier peuvent soumettre, d'accord parties, leurs litiges aux juridictions de droit moderne, cependant ces juridictions feront alors application de leurs coutumes à moins qu'elles n'aient opté par écrit pour l'application d'une autre loi.

Le contrôle permanent de la justice traditionnelle est exercé par le président de la Cour d'appel, les présidents des tribunaux du 2ème degré et le procureur de la République qui exercent ce contrôle par des inspections, ils ont un droit de communication des dossiers.

Ainsi, la justice de droit traditionnel est placée sous tutelle non seulement de l'ordre judiciaire moderne, mais également des autorités administratives.

3. Les passerelles entre la justice moderne et la justice coutumière en attendant la suppression

En 1961, les Tribunaux coutumiers sont maintenus, cependant, des passerelles sont organisées entre les deux ordres de juridiction moderne et coutumière dans un premier temps, dans un second temps les tribunaux coutumiers seront supprimés.

La loi 62/308 du 21 mai 1962[49] sur les juridictions coutumières définit les compétences et la composition des tribunaux de droit traditionnel. Les tribunaux de premier degré sont prévus dans chaque sous-préfecture, les tribunaux de deuxième degré dans chaque préfecture.

Les tribunaux du premier degré sont composés d'un président qui est un notable désigné par décret du chef de l'État sur rapport du ministre de la Justice, de 2 assesseurs nommés par arrêté du ministre de la Justice, de 4 assesseurs suppléants et d'un secrétaire. Ils sont compétents pour les litiges civils et commerciaux. Les jugements doivent être motivés et ils sont à charge d'appel devant les tribunaux du 2ème degré. Les tribunaux du 2ème degré sont composés du préfet qui en est le président, de 2 assesseurs et d'un secrétaire.

En ce qui concerne la Chambre d'Homologation, elle est composée d'un président qui est le président de la Cour d'appel, de 2 magistrats, 2 notables assesseurs titulaires, du procureur général près la cour d'Appel, d'un greffier de la Cour d'appel.

En ce qui concerne le régime du président Dacko, la multitude de textes adoptés entre 1960 et 1965 pour réglementer l'organisation de la justice, démontre un tâtonnement des autorités et la nécessité de revenir constamment sur ce qui a déjà été adopté pour compléter l'ensemble de la structure et essayer d'aboutir à une mise en place progressive d'institutions judiciaires modernes notamment par la suppression des jus-

[49] JORCA 1962 p.408

tices de paix, puis des tribunaux coutumiers, la mise en place d'une Cour Suprême polyvalente, et l'inscription des principes à la base d'une justice qui se veut moderne. Tout cet ensemble a un coût et nécessite des moyens humains dont ne dispose pas la jeune République. De ce fait, quelques avatars demeurent, notamment le fait que des fonctionnaires de l'ordre administratif soient utilisés pour siéger aux côtés des magistrats ou en remplacement de ceux-ci, ceci tente de combler le manque de magistrats professionnels, on relève également la confusion entre les fonctions du siège et du parquet.

À la fin de l'année 1965 la carte judiciaire est encore très rudimentaire et la justice reste éloignée du justiciable particulièrement en province, ce qui renforce les pouvoirs de conciliation dont disposent les chefs coutumiers ou les chefs de quartier, cependant ces pouvoirs restent mal encadrés.

La loi 65/75[50] portant organisation judiciaire a été adoptée le 23 décembre 1965 donc quelques jours avant le coup d'État. C'est cette loi qui sera maintenue et qui régira l'organisation de la Justice en 1966. Elle sera donc analysée ci-après.

Le colonel Jean-Bedel Bokassa, qui avait été nommé chef d'État-major des Armées destituera le président Dacko par un coup d'État dans la nuit du 31 décembre 1965 au 1er janvier 1966.

Quelles ont été les motivations du colonel Jean-Bedel Bokassa ? Est-ce le constat de la dérive totalitaire opérée par le régime Dacko ? Si l'on se réfère aux déclarations faites par le colonel lui-même au lendemain du coup d'État, il l'a justifié par la corruption, la mauvaise gouvernance en général et chacun se souvient de sa phrase : « L'heure de la justice a sonné ! »

Cette justice sera-t-elle effectivement au rendez-vous sous le régime de Jean-Bedel Bokassa ?

---

[50] JORCA 1966 p.26

CHAPITRE III

L'ÉTAT TOTALITAIRE : 1966-1979

Le Président Bokassa va régner sur la République Centrafricaine de 1966 à 1979, il instaurera une Monarchie parlementaire et finira par être chassé du pouvoir par l'Opération « Barracuda ».

❖ **SECTION I**- LA POURSUITE DE LA DÉRIVE TOTALITAIRE

I- LES ACTES CONSTITUTIONNELS DE 1966 ET LE MAINTIEN DU PARTI UNIQUE

▶ A- L'ABOLITION DE LA CONSTITUTION DU 20 NOVEMBRE 1964

La Constitution est abolie par l'Acte constitutionnel numéro 1 du 4 janvier 1966. Ce texte prévoit qu'une nouvelle Constitution sera préparée et soumise au Peuple par referendum, ce qui demeurera un vœu pieux. L'acte constitutionnel confère également au Président de la République, Président du Gouvernement, le pouvoir de légiférer par Ordonnances.

▶ B- L'ORGANISATION DES POUVOIRS PROVISOIRES

1. La concentration des pouvoirs entre les mains d'un seul homme

Le Second Acte date du 8 janvier 1966, il fixe l'Organisation provisoire des pouvoirs de la République et comporte six Titres. L'article 1er de cet Acte est ainsi libellé, « *Le président de la République assume la totalité du pouvoir exécutif* ». Il assume également la totalité du pouvoir législatif. Les domaines dans lesquels le Président légifère par Ordonnances sont ceux de la loi, notamment les droits civiques et les garanties fondamentales accordés aux citoyens pour l'exercice des libertés publiques, le statut des magistrats et la détermination des crimes et délits ainsi que des peines applicables... L'article 6 précise en outre que les matières autres que celles qui sont couvertes par les Ordonnances relèvent du pouvoir réglementaire du Président de la République. La concentration du pouvoir est telle que c'est le chef de l'État qui prend les Ordonnances, les décrets d'application, les arrêtés... En effet, le chef de l'État, dans tous les gouvernements qui vont se suivre, cumule plusieurs postes et non des moindres : Président de la République, Président du Gouvernement, ministre de la Défense nationale, ministre de l'Intérieur, ministre de l'Information, Président du MESAN (exemple du gouvernement mis en place par le décret 70/11[51].

2. Le maintien du parti unique

Le MESAN, qui fait l'objet du Titre V de l'Acte, est maintenu comme seul mouvement autorisé et est qualifié « mouvement national de la RCA » [art.12]. Le MESAN en tant que Parti État est au centre du pouvoir et de la vie politique. Une ordonnance 71.099 du 13 septembre 1971[52] instituera un Bureau National Politique, organe du MESAN, qui a pour mission « *d'élaborer et d'orienter la politique intérieure et extérieure de la République Centrafricaine* ».

3. La dissolution des Institutions démocratiques

L'acte du 8 janvier 1966 « constate » en son article 13 la dissolution de l'Assemblée nationale, du Conseil Constitutionnel et du Conseil économique et social. Le Titre II de l'Acte traite du pouvoir législatif.

Il va s'en suivre une période sombre pour la République Centrafricaine du point de vue de la démocratie, les secteurs qui seront les plus touchés par le totalitarisme seront ceux gérés par le président Bokassa, le secteur de la Défense nationale qui verra l'assassinat de nombreux hauts gradés des Forces de Dé-

[51] JORCA 1971 p.57
[52] JORCA 1971 p.918

fense et de sécurité, susceptibles de remplacer le Général-Président, le secteur des Affaires étrangères et des relations avec l'étranger en général, et le secteur de l'information.

II- La censure et la répression inscrites dans les lois de la République

A- Les restrictions a la liberté de la presse

Le colonel devenu général Bokassa a muselé les responsables, le peuple, et pour cela, il s'est attaqué à la presse et à l'information en général. C'est très nettement à partir de 1969 que le général Bokassa commencera réellement à durcir son régime. Rappelons que le général Bokassa est également ministre de l'Information et de l'Intérieur, à ce titre peu de choses vont lui échapper.

1. Les interdictions visant la presse écrite

Le 17 mai 1969 il signera un décret 69 /147 portant interdiction en matière de presse qui vise les écrits d'un journaliste : « *sont interdites… la vente et la diffusion en RCA de tout journal comprenant un article signé de M. Philippe Decraene* [53]». De multiples interdictions concernent la presse écrite, c'est ainsi que le journal *Jeune Afrique* sera interdit en 1969, ainsi que *Minute*, *L'Express*, *Le Monde* et le *Canard enchaîné*[54] dès 1967, *Africasia* en 1970.

2. La pratique généralisée de la censure

Elle concerne tant la presse écrite que radiodiffusée, la production cinématographique et la diffusion de documents.

Le premier texte en ce sens a été un arrêté 6/PG du 24 janvier 1966, donc dès la prise de pouvoir, qui prescrivait que tout communiqué à diffuser par la radio nationale devait

[53] Philippe Decraene était à l'époque journaliste au *Monde* : il avait parlé de Bokassa en termes fort critiques et s'est trouvé interdit dès décembre 1967.
[54] Un article du 22 novembre 1967 intitulé *Les comptes de Bokassa* avait irrité l'intéressé.

d'abord recevoir le visa préalable du président de la République ou de son Directeur de cabinet ; le 17 avril 1967, une ordonnance 67/24 porte interdiction de filmer ou de photographier sur toute l'étendue du territoire, des scènes portant atteinte à l'honneur national.

L'Ordonnance 70/12 du 3 avril 1970[55] dispose :

> « *aucune représentation diplomatique accréditée auprès du gouvernement centrafricain, aucun centre culturel étranger, installé en République Centrafricaine, aucun groupement ni aucune association civile ou religieuse ne peut procéder, même à titre gratuit, à la projection de films cinématographiques ou à la distribution de documents destinés à la propagande de l'idée de guerre ou d'une idéologie politique étrangère sans les avoir auparavant soumis à la Commission Nationale de Contrôle instituée par décret 61/186 du 10 novembre 1961* ».

Le décret 70.238 du 19 septembre 1970 interdit la diffusion de nouvelles étrangères, celles-ci doivent être d'abord soumises pour diffusion éventuelle et exceptionnelle, au visa du ministre délégué à la présidence de la République qui était alors Ange Félix Patassé.

▶ B- LES RESTRICTIONS A LA LIBERTÉ D'EXPRESSION

1. La suspicion généralisée

Chaque Centrafricain va apprendre à vivre dans la suspicion et la peur permanente. Ce climat va gangrener le milieu des fonctionnaires. Le général Bokassa prendra un décret le 23 mai 1969, décret 69/154[56] réglementant les rapports des collaborateurs du Président de la République avec les Missions diplomatiques.

> « *Tout contact direct établi entre un collaborateur du Président de la République et une Ambassade étrangère pourra être considéré comme de nature à porter atteinte à la Sureté intérieure de l'État* » [art.2].

---

[55] JORCA 1970 p.186
[56] JORCA 1969 p 338

Le décret 71/252 du 19 août 1971[57] rendait obligatoire la soumission préalable au Président de la République de tout texte ministériel d'une part et prescrivait que nul ne pouvait requérir les Forces Publiques sans autorisation préalable écrite et signée du chef de l'État.

Le décret 71/393 faisait obligation à tout responsable désigné pour présider une Commission à caractère légal ou réglementaire de rendre compte au chef de l'État au plus tard une semaine après la tenue de la réunion.

2. Les résultats scolaires au service de la politique

L'Ordonnance 76/069 du 6 juillet 1976 fixe des prescriptions en matière d'Éducation nationale. Ainsi, les résultats attendus à la fin des examens de chaque année scolaire de tous les cycles d'enseignement (primaire, secondaire et supérieur) ne sauraient être inférieurs, par préfecture, à une certaine proportion à déterminer par décret, compte tenu de la densité de la population et du nombre d'élèves [art.1er]

> « *Tout résultat contraire au précédent article sera considéré comme action à caractère politique visant à fomenter des troubles dans le pays* » [art.2].

3. La science politique mise hors la loi

Il est formellement interdit, par cette même ordonnance, à tout enseignant d'enseigner la politique et de critiquer les décisions du gouvernement. De tels actes sont considérés comme matière à semer des troubles et à freiner l'enseignement et la formation intellectuels de la jeunesse centrafricaine.

▶ C- LA RÉPRESSION A L'ÉGARD DES FONCTIONNAIRES

La Commission d'Épuration de la Fonction Publique

Il est créé une « Commission d'Épuration de la Fonction Publique Centrafricaine » par l'Ordonnance 69-15 du 28

57 JORCA 1971 p. 859

mars 1969[58], celle-ci a officiellement pour objectif de proposer au chef de l'État les « *mesures de nature à éliminer les agents de l'État : fonctionnaires, décisionnaires ou contractuels dont le comportement habituel est nuisible à l'efficacité de l'Administration* », le texte ne précise pas de quel comportement il s'agit, mais la composition de cette Commission en dit long sur son objet réel. En effet, sont membres de cette Commission le directeur de la sûreté nationale, le commandant de légion de la gendarmerie, 2 officiers supérieurs, le chef d'État-major des Armées, le directeur de Cabinet à la Présidence de la République.

▶ D - LA SÛRETÉ INTÉRIEURE ET EXTÉRIEURE DE L'ÉTAT À L'HONNEUR

Une ordonnance 69-22 du 9 mai 1969[59] décide que tous les biens meubles et immeubles de toute personne, centrafricaine ou étrangère, s'étant rendue coupable d'atteintes à la sûreté intérieure ou extérieure de l'État seront confisqués au profit de l'État centrafricain. Cette Ordonnance a été prise à dessein, car dans la foulée, un décret datant du même jour confisque les biens du Colonel Alexandre Banza et Faustin Marigot alors accusés de tentative de coup d'État. Le colonel Banza sera assassiné[60] et beaucoup d'autres le suivront jusqu'au départ de Bokassa en 1979, intervenu à la suite de l'opération BARRACUDA de l'Armée Française sous le Président Valéry Giscard d'Estaing après un rapport produit par une Commission d'Enquête Internationale sur le décès d'élèves et étudiants[61].

[58] JORCA 1969 p.1940

[59] JORCA 1969 p.309

[60] Le 12 avril 1969. Il était né en 1932 et avait servi en Indochine comme Bokassa.

[61] Des massacres d'enfants eurent lieu en avril 1979. Le rapport date d'août 1979. La première intervention du 20-21 septembre 1979, qui ramena David Dacko à Bangui, se nomme Opération *Caban*. L'Opération *Barracuda* lui fait suite immédiatement avec des troupes françaises venues du Tchad et du Gabon. Les Centrafricains ont alors donné le nom de « barracuda » à tous les militaires français.

III- L'INSTAURATION D'UNE MONARCHIE PARLEMENTAIRE PAR LA CONSTITUTION DU 4 DÉCEMBRE 1976

▶ A- LA RESPONSABILITÉ DU MESAN

Cette Constitution a été adoptée par le Congrès Extraordinaire du MESAN en date du 4 décembre 1976 ainsi que le rappelle le préambule de la Constitution :

> « *Par une libre et unanime décision, les représentants de son parti unique, réunis en Congrès extraordinaire le 10 novembre 1976, ont érigé la République Centrafricaine en Monarchie Parlementaire appelée Empire Centrafricain* ».

Le Maréchal Jean-Bedel Bokassa, est proclamé premier Empereur et prend le nom d'*Empereur Bokassa Premier* qui élit domicile à la Cour ancestrale de Bérengo (Bobangui) (art.1er).

Cette constitution proclame en outre que la souveraineté appartient à la nation et que cette nation est incarnée par l'Empire, c'est l'Empire qui exerce la souveraineté soit directement par voie de plébiscite soit indirectement par l'intermédiaire des institutions constitutionnelles.

▶ B- LES INSTITUTIONS DE L'EMPIRE

La Constitution du 4 décembre 1976 instaure l'Empire Centrafricain et le Décret impérial N° 76 /001 porte promulgation de la Constitution de l'Empire Centrafricain[62].

Les institutions sont, outre l'empereur, et le parti MESAN[63], le Gouvernement qui se compose du Premier ministre, du Vice-Premier Ministre, des ministres et des secrétaires d'État, la Cour suprême, le Conseil économique et social, et l'Assemblée nationale. Il existe donc bien un pouvoir exécutif, législatif et judiciaire.

---

62 JOEC décembre 1976 spécial p.667

63 Devenu MESAN *rénové.*

L'empereur

La transmission de la couronne et des pouvoirs qui y sont attachés se fait de père en fils au descendant mâle en ligne directe et par ordre déprimonitoire de l'Empereur. Les femmes sont donc écartées de la succession. Quels sont les pouvoirs de l'Empereur ? L'empereur nomme le Premier ministre et le révoque ; sur proposition du Premier ministre, il nomme les autres membres du gouvernement, détermine leurs attributions et met fin à leurs fonctions. Il peut après consultation du Premier ministre et de la chambre constitutionnelle de la cour suprême, dissoudre l'Assemblée nationale, il est garant de l'indépendance du pouvoir judiciaire.

Le parti MESAN

Quant à lui, il fixe les orientations de la politique générale de la nation et contrôle l'action du gouvernement de façon concomitante avec l'Assemblée nationale.

Le pouvoir législatif

Il est exercé par l'Assemblée nationale qui vote la loi, lève l'impôt, et contrôle l'action du gouvernement par le biais de la motion de censure. En effet, l'article 38 dispose qu'il peut être mis fin à la fonction du Premier ministre par l'Empereur à tout moment ou à la suite de l'adoption d'une motion de censure par l'Assemblée nationale. Les députés sont élus pour 5 ans au suffrage universel. Les députés ont l'initiative des lois concurremment avec le Premier ministre. Il y a lieu de souligner que les députés sont tous issus d'un même parti, le MESAN, et que ce fait c'est ce parti qui exerce le pouvoir législatif.

Le pouvoir exécutif

Le gouvernement se compose du Premier ministre, du Vice-Premier ministre, des ministres et des secrétaires d'État. Le Premier ministre assure l'exécution des lois et est garant de celle des décisions de justice. Il assure la coordination des actions gouvernementales et veille au bon fonctionnement des services publics.

Le pouvoir judiciaire

La justice est rendue au nom de l'Empereur par des magistrats qui sont dits indépendants, les magistrats du siège sont inamovibles. La Cour suprême, institution constitutionnelle, se compose de 4 chambres : la chambre constitutionnelle, la chambre judiciaire, la chambre administrative et la chambre des comptes.

L'initiative de la révision de la Constitution appartient à l'Empereur seul qui soumet le projet au referendum ; par contre, il est précisé que la forme monarchique ne peut faire l'objet de révision.

À la suite des événements ayant conduit à la mort de plusieurs élèves et étudiants, l'opération de l'armée française *Barracuda* chasse l'Empereur du pouvoir et remet à la tête de l'État centrafricain David Dacko, le 29 septembre 1979.

Parallèlement aux dérives dictatoriales comment se présente l'organisation judiciaire ?

❖ **SECTION II**- LE CHOIX RÉSOLU D'IMPLANTER UNE ORGANISATION JUDICIAIRE MODERNE

I- LA POURSUITE DE LA MODERNISATION DE LA JUSTICE

La justice fait l'objet du Titre IV de l'Acte constitutionnel du 8 janvier 1966, on parle de « l'autorité judiciaire » et non du « pouvoir judiciaire » même s'il est précisé que c'est une autorité indépendante du législatif et de l'exécutif et que le Conseil Supérieur de la Magistrature garantit l'indépendance des Magistrats du siège.

La loi 65/75 du 23 décembre 1965[64] portant organisation judiciaire avait été adoptée le 23 décembre 1965 donc

[64] JORCA 1966 p.26

quelques jours avant le coup d'État. C'est cette loi qui sera maintenue et qui régira donc l'organisation de la Justice.

▶ A- DES INSTITUTIONS JUDICIAIRES MODERNES

La loi de 1965 précise en son article 1er que la justice est rendue par la Cour Suprême, la Cour d'appel, la cour criminelle, les tribunaux de Grande Instance, les tribunaux d'instance, le Tribunal spécial et les tribunaux du Travail.

La Cour suprême

L'acte constitutionnel du 8 janvier 1966 précise que la Cour Suprême comprend 3 sections, la section judiciaire, la section administrative et la section des comptes. La loi 61/249 du 15 novembre 1961 portait organisation et fonctionnement de la Cour Suprême, l'Ordonnance 67/69/PG du 24 novembre 1967 porte également organisation et fonctionnement, mais n'apporte aucun changement significatif[65].

La Cour d'Appel

La loi 65/75 traite de la Cour d'Appel qui a son siège à Bangui. Elle connaît en toutes matières de l'appel des jugements rendus par les Tribunaux de Grande Instance, les Tribunaux d'Instance et les Tribunaux du Travail. Il est fait appel des arrêts devant la Cour Suprême. Le décret 66/259 du 27 juillet 1966 fixe la composition de la Cour d'Appel de Bangui, ainsi que le siège, le ressort, la composition des TGI et des TI. et va en son article 10 prendre des dispositions transitoires pour pallier le manque de magistrats. C'est ainsi qu'il prévoit que les fonctions de Président des TGI pourront être provisoirement exercées par le président du TGI de rattachement, à défaut par le préfet de la circonscription du siège du tribunal ou même par une personne choisie sur la liste prévue par l'article 51 al.2 de la loi 62/367 du 1er février 1963 modifie par la loi 65 /16 du 23 décembre 1965. Les

---

65 JORCA 1968 p.2

fonctions de président de Tribunal d'Instance sont, elles, exercées par les sous-préfets, à défaut par une personne choisie sur la liste citée ci-dessus.

Les tribunaux de Grande Instance

Les tribunaux de Grande Instance sont de 1ère classe et de 2ème classe auxquels sont rattachés ceux de 3ème classe et les tribunaux d'Instance de leur ressort. Dans les TGI, si le président est seul magistrat, il est investi des pouvoirs du procureur de la République et de juge d'instruction.

Les tribunaux d'Instance

Les ordonnances 66-60 et 66-61 du 30 août 1966 vont s'intéresser aux Tribunaux d'Instance dont elles fixent le taux de compétence à 40.000 F ceci notamment pour les affaires purement personnelles et mobilières, ils connaissent également des litiges locatifs qui n'excèdent pas 40000 F par an, de toutes procédures d'exécution lorsque l'objet du litige n'excède pas 40.000F. Quant aux présidents ils connaissent des demandes de pension alimentaire n'excédant pas 40.000 F par an.

Les avocats-défenseurs

L'année 1968 verra la création d'un corps d'Avocats Défenseurs par l'Ordonnance 68.043 du 29 août 1968 (JORCA 1968 p. 440-441).

Il faut rappeler qu'un arrêté du 8 août 1933 avait institué un corps d'avocats défenseurs près la Cour d'Appel et les Tribunaux de l'AEF.

Le corps d'avocats défenseurs n'a en fait aucune liberté de parole et d'action, la Cour d'appel, sur les réquisitions du Procureur, assure directement le pouvoir disciplinaire sur les Avocats défenseurs. Le serment requis par l'Ordonnance est très significatif de cette situation d'assujettissement de ce corps à l'autorité publique :

« Je jure de ne rien dire ou publier, comme défenseur ou conseil, de contraire aux règlements, aux bonnes mœurs, à la sûreté de l'État et à la paix publique et de ne jamais m'écarter du respect dû aux Tribunaux et aux autorités publiques ».

▶ B- LA SUPPRESSION DE LA JUSTICE DE DROIT TRADITIONNEL EN 1965

La suppression des juridictions traditionnelles

L'État centrafricain en 1965, après cinq années d'indépendance, va opter pour la suppression de la justice de droit traditionnel se tournant résolument vers la modernité. C'est ainsi que la loi 65/75 du 23 décembre 1965[66] décide de la suppression des juridictions traditionnelles de 1er et 2ème degré. Seul est maintenu le pouvoir de conciliation des chefs coutumiers.

La dévolution des affaires pendantes

Un décret datant du 27 juillet 1966 déterminera la dévolution des affaires pendantes. Ainsi, les affaires pendantes devant un Tribunal coutumier du 1er degré sont transmises en l'état au tribunal d'Instance du ressort ou de Grande Instance s'il n'en existe pas et les affaires pendantes devant un tribunal coutumier du 2ème degré sont transmises à la Cour d'Appel.

Fallait-il supprimer la justice de droit traditionnel ?

Cette décision paraît logique, car le maintien de la justice de droit traditionnel institue deux catégories de justiciables et donc de citoyens, ceux qui relèvent de la justice moderne et ceux qui relèvent de la justice traditionnelle ce qui est contraire au principe d'égalité des citoyens devant la loi, au caractère général de la loi et ce qui est contraire à la construction d'un État de droit et d'une nation.

---

[66] JORCA 1966 p.26

La puissance coloniale avait fait le choix de maintenir cette justice, mais de l'encadrer par des textes, ceci était motivé par le fait d'une part que la justice moderne était éloignée du justiciable, mais surtout par le fait qu'une catégorisation était instituée entre les justiciables.

L'État centrafricain, dans le cadre de la construction de la nation centrafricaine et du fait que la République est une et indivisible, a fait le choix d'opter pour une justice unifiée, applicable à tous. La justice est rendue au nom du peuple, la loi est générale est impersonnelle.

La justice coutumière est rendue elle au nom du groupe social, elle est fragmentée, fracturée, il y a par ethnie une multitude de coutumes, elle est multiple et elle est loin d'être impartiale ni même équitable pour les justiciables. Le but de la justice traditionnelle n'est pas la préservation des libertés de l'individu, mais la cohésion et les intérêts du groupe social qui prime sur les intérêts particuliers. C'est ainsi que dans une affaire de viol, il sera ordonné des compensations qui devront satisfaire la famille et non la victime.

Le pouvoir judiciaire est un attribut de la souveraineté de l'État, il en est une manifestation et non des moindres, car il touche aux libertés fondamentales, au sein d'un État unitaire et d'une nation qui se veut unie, la justice doit nécessairement être une, les lois unifiées, et l'égalité devant la loi est fondamentale.

D'un autre côté, la justice moderne reste trop éloignée du justiciable pour qu'il lui soit aisé de s'y référer. Particulièrement en province et particulièrement à cette époque.

La difficulté de la réforme vient du fait que l'État a supprimé du jour au lendemain cette justice traditionnelle sans pour autant régler le problème de la décentralisation de la justice, sans régler le problème de la transition afin de déterminer comment intégrer cette justice traditionnelle à la justice moderne étant entendu que même sans les tribunaux coutumiers, la justice coutumière par la force des choses et des mentalités allait demeurer et se poursuivre, mais dans un cadre non formel et sans l'encadrement de l'État. Nombre d'affaires échappent à la justice moderne et remettent en cause la décision d'un chef de quartier ou d'un chef traditionnel n'est pas toujours chose aisée pour un administré.

Paradoxalement, le président Bokassa va être à l'origine de textes innovants destinés à protéger et promouvoir la femme et la jeune fille.

II- Le paradoxe du régime Bokassa : quelques textes novateurs et protecteurs

▶ A- La volonté politique de promotion de la femme et de la jeune fille

L'Ordonnance 66.16 du 22 février 1966 abolissant la pratique de l'excision

Cette suppression est justifiée dans le texte par des motifs de santé physique et morale de la jeune fille et il fait également référence à la Déclaration Universelle des Droits de l'Homme auquel il entend se conformer :

« *Donner à la femme centrafricaine sa dignité et son rang tant sur le plan national qu'international* ».

L'Ordonnance 66/25 du 31 mars 1966 portant suppression de la dot

Cette Ordonnance ne sera jamais appliquée, car dans ce domaine la coutume combat la loi tant et si bien que la pratique de la dot sera instituée par le premier Code de la Famille du 11 novembre 1997 en son article 208 :

« *La dot consiste en la remise d'objets et/ou d'une somme d'argent selon les usages, par le futur époux ou son représentant, à la famille de la future épouse en vue du mariage* ».

Le Code de la Famille s'est ainsi contenté de donner une définition de la dot, mais aucun texte ne l'a pas réglementée notamment on assiste à des demandes qui peuvent apparaître excessives compte tenu des montants réclamés et du niveau de vie de la majorité de la population centrafricaine.

L'Ordonnance 66 /26 du 31 mars 1966 relative à la promotion de la jeune fille

L'enseignement est rendu obligatoire pour les jeunes filles jusqu'à l'âge de 21 ans révolus sous réserve des aptitudes prévues par les règlements scolaires, tout contrevenants, même complices s'exposant à des peines d'emprisonnement de 6 mois à 2 ans et d'une amende de 10.000 à 100.000 F sans préjudice des peines plus fortes.

Le Décret 66/214 du 3 juin 1966 portant création de la Médaille des Mères

Ce texte était destiné à récompenser les mères de familles nombreuses qui avaient élevé dignement leurs enfants. Une limite était instituée, la médaille ne pouvant être accordée que pour les enfants légitimes.

Ce décret démontre la volonté des autorités de favoriser la procréation, cependant il dénote également une volonté de mettre l'accent sur le rôle éducateur de la mère, centre de la famille, elle veille à la santé de ses enfants et à leur inculquer des principes.

▶ B- LA PRÉOCCUPATION DE L'UNITÉ NATIONALE ET DE LA COHÉSION SOCIALE

Compte tenu des événements que la RCA a connus durant les années 2013 et 2014, il y a lieu de citer deux textes qui déjà en 1966 montrait la préoccupation des autorités de lutter contre le tribalisme ou le racisme : il s'agit de l'Ordonnance 66/32 du 20 mai 1966 portant interdiction de toute manifestation de racisme et de tribalisme complétée par le décret 66/264 du 27 juillet 1966.

> « *Toutes manifestations de racisme ou de tribalisme sont formellement interdites sur l'ensemble du territoire* ».

Le décret va préciser les cas visés par l'Ordonnance. Il y a lieu de relever l'article 2 qui stipule que la constitution d'associations ou de groupements basée sur l'origine ethnique ou tribale de leurs membres est interdite. Il fait également référence notamment aux actes et documents officiels dans lesquels il est interdit toute mention relative à la race à la tribu ou à l'ethnie.

La parenthèse monarchique va bientôt se refermer ; en effet, à la suite des événements ayant conduit à la mort de plusieurs élèves et étudiants, l'opération de l'armée française, dénommée *barracuda,* chasse l'Empereur du pouvoir et remet à la tête de l'État Centrafricain David Dacko le 21 septembre 1979.

CHAPITRE IV

L'ENRACINEMENT DES COUPS D'ÉTAT : 1979-1993

Après la chute de Jean-Bedel Bokassa, le Président Dacko rétabli dans ses fonctions de chef de l'État ne parviendra pas à maintenir l'ordre public et sera à nouveau chassé du pouvoir par le coup d'État du chef d'État-major, le Général André Kolingba. Le régime Dacko II n'aura constitué qu'une parenthèse.

❖ **SECTION I**- LA PARENTHESE DACKO II

I- L'ACTE CONSTITUTIONNEL DU 21 SEPTEMBRE 1979 PORTANT ORGANISATION DES POUVOIRS PUBLICS

L'article premier de cet Acte rétablit la République, il décide que le Président de la République assisté d'un Vice-Président assume la totalité du pouvoir exécutif et qu'il peut déléguer ses pouvoirs au Premier ministre à l'exception du pouvoir de nomination des membres du gouvernement. Le Premier ministre dirige l'action gouvernementale et assure l'exécution des lois et des règlements.

On va assister à un retour à l'ordre constitutionnel, mais qui sera très éphémère, car un nouveau coup d'État surprendra les citoyens centrafricains, le 1 septembre 1981.

II- LE RETOUR ÉPHÉMÈRE À L'ORDRE CONSTITUTIONNEL

Le Séminaire National de Réflexion de 1980 : le début de l'implication des Partis politiques et de la Société civile dans le règlement des crises

Le Séminaire National de Réflexion, qui s'est tenu du 8 au 15 décembre 1980 à Bangui regroupera pour la première fois dans l'histoire centrafricaine toutes les composantes de la société : pouvoirs publics, partis politiques, société civile, syndicats avec pour objectif de réfléchir sur les grands problèmes de l'heure. Le Séminaire national donnera les grandes orientations de la future constitution, la Constitution du 28 février 1981.

À la suite de ce Séminaire, des élections présidentielles seront organisées qui verront la victoire de Dacko réélu président de la République le 15 mars 1981 lors d'élections contestées par ses adversaires. Il est élu dès le premier tour à la majorité de 51,10 %. Il est suivi d'Ange Félix Patassé du MLPC. Des troubles et manifestations quasi quotidiens vont secouer la capitale, un attentat à la bombe est perpétré le 14 juillet 1981 dans un cinéma du centre de la capitale. Tout ceci aboutira à un nouveau coup d'État opéré le 1er septembre 1981 cette fois-ci par le général André Kolingba, chef d'État-major des Armées, coup d'État qui est en réalité une preuve de l'impuissance du Président Dacko à assurer le maintien de l'ordre public. Cette prise de pouvoir est perçue alors par nombre de Centrafricains comme salutaire et de nature à rétablir l'ordre et la sécurité.

La Constitution du 28 février 1980 : la troisième République

Le premier février 1981, un referendum adopte une nouvelle Constitution, celle-ci sera promulguée le 28 février 1981 et un coup d'État interviendra le 1er septembre de la même année : la troisième République aura duré 6 mois !

❖ **SECTION II**- LE COUP D'ÉTAT DU 1er SEPTEMBRE 1981 ET SES CONSÉQUENCES JURIDIQUES

I- LES ACTES CONSTITUTIONNELS DE 1981 : LE RÉGIME D'EXCEPTION : LE COMITÉ MILITAIRE DE REDRESSEMENT NATIONAL (CMRN)

Par l'Ordonnance 81/001[67], le général Kolingba suspendait la Constitution du 5 février 1981 et mettait fin aux fonctions du président de la République et de son gouvernement. Il institue le Comité Militaire de Redressement National

[67] JORCA avril 1987 Spécial n°2 p.14

(CMRN) par l'Acte constitutionnel N° 1 il est composé exclusivement de militaires et il est chargé d'assurer le pouvoir exécutif et législatif, le Général Kolingba est institué Président du CMRN.

Le régime du Président Kolingba va s'illustrer par un développement du tribalisme qui peu à peu le conduira à sa perte.

Le Président Kolingba dotera la RCA d'une nouvelle Constitution le 28 novembre 1986, adoptée par referendum, l'adoption de la Constitution étant liée à l'élection du Président de la République.

La dissolution du MLPC

Le Décret 82/164 du 10 mars 1982 porte dissolution du Mouvement pour la Libération du Peuple Centrafricain (MLPC)[68].

Ce décret est pris en application de la loi 60/170 du 25 novembre 1960 permettant la dissolution des partis politiques, syndicats, association ou organisations troublant l'ordre public et en application de l'Ordonnance 79/017 du 26 octobre 1979 modifiée par l'ordonnance 81/007 du 21 janvier 1981 portant interdiction des partis politiques, associations, ou groupements politiques de nature à compromettre la sécurité publique, à provoquer la haine entre les groupes ethniques, à occasionner des troubles, à porter atteinte aux fonctionnements réguliers des institutions, à inciter les citoyens à enfreindre les lois et à nuire à l'intérêt général du pays.

Il est à relever que Jean-Bedel Bokassa reviendra au pays en octobre 1986, son procès débutera le 26 novembre 1986 et s'achèvera le 12 juin 1987.

II- La Constitution du 28 novembre 1986 : la quatrième République

Un projet de Constitution est adopté par referendum le 21 novembre 1986. Les résultats du scrutin référendaire sont proclamés par la Commission Nationale de Contrôle du

[68] JORCA mars 1982 p. 169. Le MLPC avait été créé en 1979.

Scrutin référendaire : 91,17 % de oui. L'élection du Président de la République étant couplée au Referendum, la Constitution est approuvée et le général André Kolingba est élu président de la République.

Le Décret 86/357 du 1 décembre 1986[69] porte promulgation de la Constitution. Celle-ci instaure un régime présidentiel et rétabli le monopartisme, le Rassemblement Démocratique Centrafricain, parti unique créé par le Président Kolingba, est une institution puisque figurant dans la Constitution.

▶ A- LES DISPOSITIONS CONSTITUTIONNELLES

Un régime présidentiel

Le Président de la République est élu pour 6 ans au suffrage universel direct à la majorité absolue des suffrages exprimés, un second tour est prévu. Il peut dissoudre l'Assemblée nationale. Il a seul l'initiative des lois. Il n'existe pas de Premier ministre. Le chef de l'État est chef du Gouvernement.

Il est institué un Congrès qui comprend l'Assemblée nationale et le Conseil Économique et Régional. Les députés sont élus au Suffrage Universel pour cinq ans. Le président de l'Assemblée nationale peut être reconduit dans ses fonctions par tacite accord par le Président de la République (art.20 al.2). Le Conseil Économique et Régional représente les Régions et les principaux secteurs d'activités économiques et sociales, il donne son avis sur les projets de lois. Le Congrès quant à lui vote les lois organiques ainsi que les lois révisant la Constitution, il autorise la ratification des Traités et vote l'état de guerre, il définit, sur proposition du président de la République, les priorités du développement.

La Cour Suprême fait l'objet du Titre IV de la Constitution. Elle veille à la conformité des lois et fait office de Cour de Cassation. Le Président de la République est le garant de

---

69 JORCA avril 1987 p.48

l'indépendance de l'autorité judiciaire. Les magistrats du siège sont inamovibles.

Une nouvelle Institution : la Haute Cour de Justice

Une nouvelle Institution voit le jour : la Haute Cour de Justice qui fait l'objet du Titre V de la Constitution. L'Ordonnance N87.052 du 28 novembre 1987 porte loi organique sur la Haute Cour de Justice. Cette ordonnance abroge l'Ordonnance 81.035 du 23 juillet 1981 modifiée par l'ordonnance 81.039 du 20 août 1981 et 81.010 du 16 novembre 1981 portant création d'un tribunal spécial. L'Ordonnance s'applique à toutes les infractions qui sont de la compétence de la Haute Cour de justice non encore jugées au moment de son entrée en vigueur.

La Haute Cour de Justice est composée de 9 juges nommés pour 5 ans dont 1/3 sont désignés par le président de la République, 1/3 par le Congrès et 1/3 par le Président de la Cour Suprême. Le président de la République désigne le président de la Haute Cour qui doit être obligatoirement un magistrat.

La Haute Cour de Justice est compétente pour juger (art, 37 de la Constitution), les ministres, les membres du Congrès et toutes les personnes auteurs ou complices, qui se seront rendues coupables d'atteintes à la sécurité de l'État, de com plot ou de tentative de complot contre la Nation, de subversion, notamment par des actes de terrorisme ou d'intelligence avec les puissances étrangères.

La décision de mise en accusation est prise par le Président de la République (art.7). Le Congrès peut, après un vote pris à la majorité des trois quarts des membres composant celui-ci, déférer devant la haute Cour le Président de la République pour haute trahison (art.8 en application de l'article 38 de la Constitution).

Les arrêts de la Haute Cour de justice ne sont ni susceptibles d'appel, ni de pourvoi en cassation. Les débats de la Haute Cour de justice sont publics (art.23). La Constitution de partie civile n'est pas recevable devant la Cour.

▶ B- LES RÉVISIONS CONSTITUTIONNELLES : L'INSTAURATION D'UN RÉGIME SEMI-PRÉSIDENTIEL

Trois révisions constitutionnelles vont intervenir, elles sont le résultat du contexte international qui pousse à la démocratie et de pressions nationales soit des Partis politiques soit de la Société civile. Un magistrat, François Guéret, adressera une lettre ouverte au président Kolingba pour dénoncer la mauvaise gouvernance et la gestion clanique du pouvoir. Le Comité de Coordination pour la Convocation de la Conférence Nationale Souveraine (CCCCN) s'illustrera également dans le combat pour plus de démocratie. Le régime fera procéder à des arrestations qui seront médiatisées et auront ainsi un impact négatif sur le régime du président Kolingba. Celui-ci sera contraint petit à petit, par l'action non seulement des Partis politiques et de la société civile, mais également par les prises de position de son propre parti le Rassemblement Démocratique Centrafricain qui aura eu à dénoncer la mauvaise gouvernance et la tribalisation, à lâcher du lest.

La Constitution est ainsi révisée par la loi constitutionnelle 91.001 du 8 mars 1991, qui institue un Premier ministre qui est chef du Gouvernement et est responsable devant le Parlement, on passe ainsi à un régime semi-présidentiel.

La loi constitutionnelle 91.003 du 4 juillet 1991 instaure le multipartisme et la loi constitutionnelle 92.013 du 28 août 1992 renforce le pouvoir judiciaire et les pouvoirs du Parlement.

Un grand Débat national est organisé en 1992, il n'apportera pas l'apaisement recherché.

Des élections sont organisées en 1993, mais, face à la résistance du président Kolingba, elles connaîtront de nombreux obstacles. Afin d'éviter au Pays le chaos et la vacance du pouvoir, l'Ordonnance 92.002 du 27 novembre 1992 va instaurer un Conseil National Politique Provisoire (CNPP), organe consultatif, où siègent des candidats à la Présidence Kolingba, Patassé, Dacko et Goumba et prolonger le mandat du Président de la République arrivé à expiration sans que le processus électoral ne soit achevé.

C'est la première fois qu'en République Centrafricaine, le politique a pris le pas sur les institutions constitutionnelles du fait d'une situation de crise ce ne sera pas la dernière et cela ira de mal en pis.

Les dernières années du régime Kolingba sont marquées par des revendications pour plus de démocratie, ces revendications émanant également de son propre parti. Cependant, le Président Kolingba ne les entendra que tardivement et sous la pression nationale et internationale. Des élections seront organisées lors desquelles il perdra le pouvoir au profit de Ange Félix Patassé revenu triomphalement au Pays.

Le président Patassé élu démocratiquement, sa gestion du pouvoir entraînera de grandes désillusions alors que de grands espoirs avaient été placés en lui par le Peuple centrafricain.

CHAPITRE V

LE TEMPS DES ESPOIRS DÉÇUS : 1993-2003

La chute du mur de Berlin en novembre 1989 va générer un souffle de démocratie à travers le monde, ce vent soufflera également sur la République Centrafricaine et ce souffle aboutira à la tenue d'élections libres qui verront l'élection d'Ange Félix Patassé.

❖ **SECTION I-** L'ÈRE DU MULTIPARTISME ET DE L'ÉTAT DE DROIT : UN SOUFFLE D'ESPOIR

La chute du mur de Berlin qui mettait fin à la période de la guerre froide a entraîné la dislocation de l'URSS. « Le vent de l'Est » a soufflé jusqu'en Afrique et un mouvement de démocratisation des régimes africains, de promotion des droits de l'Homme et de construction d'un État de droit est né. Le discours de la Baule de François Mitterrand[70] a été l'élément déclencheur en ce qui concerne les anciennes colonies françaises.

La République Centrafricaine n'a pas échappé à ce mouvement. C'est ainsi que le Général Kolingba sous la pression internationale et même nationale a dû modifier la Constitution pour y introduire le multipartisme. Ce vent de démocratie et de multipartisme permettra au parti MLPC de sortir de la clandestinité et de porter Ange Félix Patassé au pouvoir à la suite des élections transparentes.

Élu en 1993, le Président Patassé dotera la République Centrafricaine d'une nouvelle Constitution le 14 janvier 1995.

---

[70] Discours prononcé le 20 juin 1990, lors de la seizième conférence des chefs d'État d'Afrique et de France. Il conditionnait l'aide de la France à une meilleure démocratisation et à une bonne gouvernance.

I- La démocratie dans les textes : La Constitution du 14 janvier 1995, la cinquième République

▶ A- Un régime semi-présidentiel

La Constitution du 14 janvier 1995 a été adoptée le 28 décembre 1994.

Cette Constitution va innover en créant pour la première fois de l'histoire constitutionnelle centrafricaine la Cour Constitutionnelle et le Tribunal des Conflits.

Le pouvoir exécutif est assuré par le président de la République, chef de l'État, et le Gouvernement. Le Président de la République est élu au suffrage universel, direct et secret pour un mandat de 6 ans, renouvelable une fois. Il est le chef de l'exécutif, il fixe les grandes orientations de la politique de la Nation. Il nomme le Premier ministre, qui est Chef du Gouvernement et met fin à ses fonctions. Sur proposition du Premier ministre, il nomme les autres membres du Gouvernement et met fin à leurs fonctions. Il a l'initiative des lois.

Le Président de la République peut, après consultation du Conseil des ministres, du Bureau de l'Assemblée nationale et du Président de la Cour Constitutionnelle, prononcer la dissolution de l'Assemblée nationale.

Le contreseing est institué par l'article 34 de la Constitution, mais dans une mesure limitée. En effet, les actes du Président de la République peuvent être contresignés par le Premier ministre et le cas échéant par les ministres chargés de leur exécution, excepté les domaines réservés du Chef de l'État. Ce contreseing n'est donc pas une obligation. Les actes réglementaires du Premier ministre Chef du Gouvernement sont contresignés par les membres du Gouvernement chargés de leur exécution.

Le Premier ministre est responsable devant le Président de la République et devant l'Assemblée nationale. Il peut être mis fin à tout moment aux fonctions du Premier ministre par le Président de la République ou à la suite d'une motion de censure adoptée à la majorité absolue des membres composant l'Assemblée nationale.

Quant au pouvoir législatif, il est détenu par l'Assemblée nationale, les Députés sont élus au suffrage universel direct pour une durée de 5 ans. L'Assemblée nationale vote la loi, lève l'impôt et contrôle l'action du Gouvernement dans les conditions fixées par la Constitution. L'initiative des lois appartient concurremment au Président de la République, au Gouvernement et aux Membres de l'Assemblée nationale.

▶ B- LES INSTITUTIONS DE LA RÉPUBLIQUE

La première Cour Constitutionnelle Centrafricaine

Le Titre VI de la Constitution crée la Cour Constitutionnelle. La Loi 96.006 du 15 août 1995 portera organisation et fonctionnement de cette Institution. L'article 70 de la Constitution définît ses attributions qui sont des attributions classiques, elle est chargée de veiller à la régularité des élections présidentielles, législatives, régionales, municipales, d'examiner et de proclamer les résultats du scrutin ; de veiller à la régularité des opérations de referendum et d'en proclamer les résultats ; de trancher tout contentieux électoral ; elle est organe de régulation en étant chargée de trancher les conflits de compétence entre le pouvoir exécutif, le pouvoir législatif, les collectivités territoriales. La Cour Constitutionnelle interprète la Constitution, elle est juge de la constitutionnalité des lois ordinaires et organiques, promulguées ou en instance de promulgation ainsi que du Règlement intérieur de l'Assemblée nationale.

La Cour Constitutionnelle comprend 9 membres nommés pour 9 ans non renouvelables. Les membres de la Cour Constitutionnelle sont désignés pour 3 par le Président de la République dont au moins deux juristes, 3 nommés par le Président de la l'Assemblée Nationale dont au moins deux juristes, 3 Magistrats sont élus par leurs pairs. Ils portent le titre de Conseillers.

Les conseillers sont choisis à titre principal parmi les professeurs de droit, les Avocats et les Magistrats ayant au moins 15 ans d'activité ainsi que les personnalités qualifiées qui ont honoré le service de l'État. Le Président et le Vice-président sont nommés par le Président de la République sur proposition de leurs pairs. Les anciens Présidents de la République sont membres d'honneur de la Cour Constitutionnelle avec voix consultative. Les Membres de la Cour Constitutionnelle sont inamovibles pendant la durée de leur mandat.

La Haute Cour de Justice est reconduite, mais modifiée

Juridiction non permanente, elle est composée de juges élus : 6 magistrats et 6 députés élus au scrutin secret par leurs pairs. Le Président de la Haute Cour de Justice est élu parmi les magistrats, le Vice-président parmi les députés, dans les mêmes conditions que ci-dessus spécifiées.

La Loi organique n° 95.013 du 29 décembre 1995 porte organisation et fonctionnement de la Haute Cour de Justice.

Les ministres et les députés peuvent être déférés devant la Haute Cour de Justice pour trahison. La décision de mise en accusation est prise par le Président de la République qui la transmet au Procureur General. La saisine de la Haute Cour est faite par le président de la République à la demande du Ministère public ou de l'Assemblée nationale à la majorité des 2/3 des membres. La décision de mise en accusation est prise par le Président de la République qui la transmet au Procureur General.

Quant au président de la République, le texte précise que celui-ci n'est responsable des actes accomplis dans l'exercice de ses fonctions qu'en cas de haute trahison et qu'il ne peut être mis en accusation que par l'Assemblée nationale statuant à la majorité des 2/3 des membres qui la composent.

Les décisions de la Haute Cour de Justice ne sont susceptibles d'aucun recours. La loi dispose que la constitution de partie civile n'est pas recevable devant la Haute Cour, mais elle précise cependant que les actions en réparation de dommages ne peuvent être portées que devant les juridictions de droit commun.

Le Conseil Économique et Social

Il est obligatoirement consulté sur tout plan ou tout projet de loi de programme d'action à caractère économique, social ou culturel, relevant du domaine de sa compétence. De sa propre initiative, le Conseil Économique et Social peut formuler des recommandations ou appeler l'attention du Président de la République ou du Gouvernement sur les réformes qui lui paraissent opportunes sur les questions qui sont de sa compétence.

II- Une organisation judiciaire structurée et finalisée

▶ A- L'ORGANISATION DU POUVOIR JUDICIAIRE

Le Pouvoir Judiciaire fait l'objet de l'article 75 de la Constitution.

La disparition de la Cour Suprême remplacée par la Cour de Cassation entraine la création du Conseil d'État et des Tribunaux Administratifs.

La loi N° 95.0010 du 22 décembre 1995 porte organisation judiciaire : la justice est rendue par la Cour de cassation, le Conseil d'État, la Cour des Comptes, le Tribunal des Conflits, les Cours et Tribunaux.

Loi 96.015 du 27 mars 1996 porte statut de la magistrature de l'ordre judiciaire et loi 97.001 du 10 mars 1997 porte organisation et fonctionnement du conseil supérieur de la magistrature.

La Cour de Cassation

Elle comprend trois Chambres, la Chambre Criminelle, la Chambre Civile et Commerciale et la Chambre Sociale. La Cour de Cassation donne son avis sur toute question judiciaire que le Président de la République ou le Président de l'Assemblée nationale lui soumet. Elle peut aussi, de sa propre initiative, faire porter l'attention du Président de la République sur les réformes d'ordre législatif ou réglementaire qui lui paraissent conformes à l'intérêt général.

Les Cours d'Appel

Elles comprennent 4 Chambres civile et commerciale, sociale, correctionnelle, et la Chambre d'accusation. Les cours d'appel connaissent de l'appel des jugements rendus en premier ressort par les TGI, les Tribunaux pour Enfants, les Tribunaux de commerce, les Tribunaux du Travail et les Tribunaux d'instance. Les arrêts de la Cour D'appel sont rendus par 3 magistrats et ils peuvent faire l'objet d'un pourvoi en cassation.

Les cours criminelles

Elles ont le même ressort que les cours d'appel.

▶ B- LES NOUVELLES JURIDICTIONS

1. Le Conseil d'État

C'est la juridiction d'appel et de cassation des décisions rendues par les Tribunaux administratifs et des décisions des organismes administratifs à caractère juridictionnel, il est juridiction de cassation des arrêts de la Cour des Comptes. La Loi organique 95.0012 du 23 décembre 1995 relative au Conseil d'État fixe ses attributions : il a une fonction consultative et une fonction contentieuse. En ce qui concerne la fonction consultative, le Conseil d'État donne son avis sur les projets de lois et de Décrets qui lui sont soumis par le Président de la République ou par le Président de l'Assemblée nationale ou sur tout point de droit ou toute question administrative. Le Conseil d'État peut, de sa propre initiative attirer l'attention du Président de la République ou du Président de l'Assemblée nationale, sur les reformes d'ordre législatif ou réglementaire qui entrent dans le cadre de sa compétence.

En matière contentieuse, le Conseil d'État est juge en premier et dernier ressort des recours en annulation contre les actes réglementaires pris par le Président de la République et des recours de plein contentieux contre les actes réglementaires pris par le président de la République. Il est juge d'appel des jugements rendus par les Tribunaux administratifs. Il est juge de cassation des décisions de toutes les juridictions administratives statuant en dernier ressort (cour des comptes, organismes à caractère juridictionnel) à l'exception de l'ordre des avocats.

Le Conseil d'État règle les questions de droit présentant des difficultés sérieuses aux juges du Tribunal administratif.

La Loi 97.017 du 31 décembre 1997 modifie et complète les dispositions de la loi organique 95.012 du Conseil d'État et la Loi 986.029 du 13 décembre 1996 porte statut des juges de l'ordre administratif.

2. Les tribunaux administratifs

La Loi organique N° 96.006 du 13 janvier 1996 porte organisation et fonctionnement des Tribunaux administratifs et la loi 97.018 du 31 décembre 1997 modifie et complète partiellement les dispositions de la loi organique 96/006.

Chaque Tribunal Administratif est composé de 5 juges, exceptionnellement, 7 ; la formation de jugement est de trois juges. Le tribunal administratif est compétent en premier ressort pour les recours formés contre tout acte administratif, le recours de plein contentieux, le recours en interprétation, le recours en répression contre les atteintes portées à l'intégrité physique et au domaine public. Les moyens évoqués sont l'incompétence, le vice de forme ou de procédure, la violation de la loi, le détournement de pouvoir. Le principe est que le recours n'a pas d'effet suspensif sauf exception fixées par l'article 25, ainsi il est possible de demander un sursis à exécution de la décision si celle-ci ne concerne pas le maintien de l'ordre public, la sécurité publique et si les motifs évoqués sont sérieux.

3. La Cour des Comptes

La Cour des Comptes est la juridiction compétente pour juger les comptes des comptables publics, ceux des collectivités territoriales ainsi que ceux des entreprises publiques (art.87 de la Constitution de 1995).

Les décisions de la Cour des Comptes peuvent être déférées par voie de cassation devant le Conseil d'État.

Loi 97.003 du 12 mai 1997 porte modification de la loi 96/001 du 3 janvier 1996 relative à l'organisation et fonctionnement de la Cour des comptes.

Loi 97.006 du 26 mai 1997 porte statut des juges à la Cour des comptes. La Loi 97.007 du 29 mai 1997 porte organisation et fonctionnement de la Conférence des présidents et du procureur général à la Cour des comptes.

4. Le Tribunal des Conflits

Il est institué par l'article 90 de la Constitution. La Loi 96.009 du 13 janvier 1996 porte organisation et fonctionnement du Tribunal des Conflits : il tranche les conflits de compétence entre les juridictions judiciaires et celles de l'ordre administratif.

5. Les Tribunaux pour Enfants

Le Décret 01.245 du 19.09 2001 porte création des Tribunaux pour enfants au siège de chacun des tribunaux et dans le ressort des cours d'appel.

Tout ce bel édifice constitutionnel et juridictionnel n'empêchera pas le coup d'État du 15 mars 2003 et le retour à un régime d'exception.

❖ **SECTION II**- LA DÉRIVE D'UN RÉGIME DÉMOCRATIQUEMENT ÉLU

I- LA REMISE EN CAUSE DU POUVOIR ÉLU

▶ A- DE LA MUTINERIE À LA RÉBELLION : LE DÉBUT DU CAUCHEMAR

Du fait essentiellement d'une gestion clanique du pouvoir et de la mauvaise gouvernance, la contestation va naître assez tôt et dès 1996, l'Armée va donner le coup d'envoi par trois mutineries successives de certains éléments des FACA essentiellement de l'ethnie Yakoma, celle de l'ancien Président Kolingba. D'une mutinerie pour des revendications de conditions de vie et de travail, la contestation va rapidement évoluer vers la rébellion avec des revendications politiques notamment le départ du Président Patassé. C'est grâce à l'Armée française que Patassé conservera le pouvoir. De 1996 au 28 mai 2001, date du coup d'État manqué, et jusqu'à son départ du pouvoir le président élu ne connaîtra plus la paix et ne parviendra pas à gouverner réellement. La contestation finira par s'étendre à son propre camp et c'est ainsi que son ex-chef d'État-major entrera également en rébellion et prendra le pouvoir le 15 mars 2003.

Ce qui est important à relever ici, c'est que l'on constate au fil des années une forte politisation de l'armée qui s'accompagnera d'une tribalisation qui conduira l'armée nationale à l'impasse et à sa destruction le 24 mars 2013.

▶ B- DE LA RÉPRESSION À L'IMPASSE

Le Président Patassé sera réélu au premier tour lors d'élections contestées le 19 septembre 1999. Face à toutes les tentatives de déstabilisation de son régime, il aura deux réactions l'une la répression et l'autre l'appel à la Communauté internationale. La répression sévira particulièrement après le coup d'État manqué du 28 mai 2001, coup d'État revendiqué sur les ondes de la radio RFI par l'ancien président Kolingba. Nombreux sont ceux qui ont dû s'exiler pour pouvoir rester en vie. L'intervention de Jean-Pierre Bemba et de ses hommes à la demande du Président Patassé, coûtera à celui-ci sa traduction devant la cour pénale Internationale et sa condamnation pour crimes de guerre et crimes contre l'humanité en tant que responsable du commandement, ses éléments ayant commis de nombreuses exactions contre les populations et leurs biens tant à Bangui qu'en province. Jean-Pierre Bemba sera acquitté en appel par la Cour Pénale Internationale le 8 juin 2018. Très vite le régime de Patassé s'est trouvé dans une impasse, et ce malgré l'intervention de la Communauté internationale.

II- La Communauté internationale au chevet de la RCA

▶ A- L'implication de la France et de la sous-région dans la résolution de la crise centrafricaine

La dix-neuvième réunion au Sommet des Chefs d'État et de Gouvernement de France et d'Afrique saisie de la situation par le Président Patassé a créé un Comité International de Médiation présidé par le Président gabonais Omar Bongo. C'est ainsi que les Accords de Bangui ont été signés le 25 juin 1997 et la Mission Interafricaine de Surveillance des Accords de Bangui (MISAB) créée, elle durera de 1997 à 1998. Elle sera remplacée par la MINURCA.

▶ B L'implication du Conseil de Sécurité des Nations Unies dans la crise centrafricaine

Le Président du Gabon, au nom des membres du Comité International de Suivi, et le Président Patassé ont, tous deux, écrit au Secrétaire Général des Nations Unies pour saisir l'Organisation de la situation.

La première résolution du Conseil de Sécurité sur la situation centrafricaine est la Résolution 1125 du 06 Août 1997, elle sera rapidement suivie de la résolution 1136 du 06 novembre 1997.

Le Conseil de Sécurité justifie sa saisine par l'application du Chapitre VII et par cette phrase :

> « *Considérant que la situation en République Centrafricaine constitue une menace pour la paix et la sécurité internationales dans la région…* ».

En 1998, le Conseil de Sécurité demeura saisi de la question et adoptera 4 résolutions : la Résolution 1152 dans laquelle il demande aux États signataires des Accords de Bangui de continuer de coopérer pour qu'une stabilité à long terme puisse s'instaurer en RCA et déclare l'intention du conseil de Sécurité de créer une opération de maintien de la paix des Nations Unies en RCA. Cette Résolution sera suivie de la résolution 1159 du 28 mars 1998 dans laquelle le Conseil de Sécurité, appliquant la stratégie globale intégrée, fait le lien entre la paix et le développement et dans cette même résolution, le Conseil de Sécurité décide d'établir, avec effet le 15 avril 1998, une mission des Nations Unies (MINURCA) et définit son mandat qui est de contribuer à maintenir et à renforcer la sécurité » et la stabilité ainsi que la liberté de mouvement à Bangui et ses environs, d'aider les forces internationales de sécurité à maintenir l'ordre et à protéger les installations clés à Bangui et enfin superviser et contrôler le stockage de toutes les armes récupérées dans le cadre de l'opération désarmement et en surveiller la destination finale. Dans sa résolution 1201 du 15 octobre 1998, le Conseil de Sécurité décide d'introduire dans le mandat de la MINURCA le soutien à l'organisation des élections.

En 1999, le Conseil de Sécurité adoptera deux résolutions, la Résolution 1230 du 26 février 1999 et la Résolution 1271 du 22 octobre 1999. Ces résolutions sont relatives à l'évaluation de la situation, elles interviennent après les élections législatives du 22 novembre et 13 décembre 1998. Il y est question de la collaboration de la MINURCA avec le Gouvernement dans le cadre d'une Commission Mixte pour traiter de la question de la restructuration des Forces Armées Centrafricaines (FACA), il y est également question des Institutions démocratiques et du processus de réconciliation nationale. Dans la résolution 1271, le conseil de Sécurité décide de proroger le mandat de la MINURCA jusqu'au 15 février 2000 dans le but d'assurer une transition brève et graduelle de l'opération de maintien de la paix des Nations Unies vers une opération de consolidation de la paix.

Il sera créé pour la RCA un certain nombre de Forces Internationales qu'il y lieu de rappeler ici :

Le 25 juin 1997 est créée la Mission Interafricaine de Surveillance des Accords de Bangui (MISAB) de 1997 à 1998. Elle sera remplacée par la MINURCA en 1998.

Le 15 avril 1998 est créé par le Conseil de Sécurité la Mission des Nations Unies pour la Centrafrique (MINURCA).

En 2001, la Force de Maintien de la Paix et de Sécurité de la CEN-SAD en Centrafrique qui s'achèvera en 2002, créée à l'issue d'un Sommet de Khartoum, elle sera remplacée par le FOMUC.

En 2002, le Sommet des Chefs d'État de la CEMAC crée la Force Multinationale en Centrafrique (FOMUC) qui s'achèvera en 2008.

En 2007 est créée la Mission des Nations Unies en République Centrafricaine et au Tchad (MINURCAT) de 2007 à 2010, créée pour lutter contre la LRA.

La Mission de Consolidation de la Paix en Centrafrique (MICOPAX) sous la CEEAC de 2008 à 2013 a remplacé la FOMUC le 12 juillet 2008.

En 2013 est créée la Mission Internationale de Soutien à la Centrafrique (MISCA) de l'Union Africaine qui s'achèvera le 15 septembre 2014 et sera remplacée par la Mission Multidimensionnelle Intégrée de Stabilisation des Nations Unies (MINUSCA).

Sous Patassé, il n'y aura pas de consolidation de la paix puisque le 15 mars 2003 un nouveau coup d'État secoue la République Centrafricaine par la prise de pouvoir de François Bozizé, ex-chef d'État-Major des Armées, qui entre dans Bangui à la tête d'une rébellion.

CHAPITRE VI

LE TEMPS DES DÉSILLUSIONS : 2003-2013

Le 15 mars 2003 le général François Bozizé, ex-chef d'État-major des Armées, rentre dans Bangui à la tête de rebelles qui seront alors qualifiés de « libérateurs » tant la situation politique, économique et sociale s'était dégradée sous le régime Patassé. S'ouvre alors une période de Transition.

❖ SECTION I- UNE TRANSITION SANS DÉMOCRATIE : 2003-2005

I. LA MISE EN PLACE DE LA TRANSITION

▶ A- LES ACTES CONSTITUTIONNELS DE 2003

L'Acte Constitutionnel n°1 du 15 mars 2003[71] suspend la Constitution du 14 janvier 1995, il met fin aux fonctions du Président de la République et du gouvernement, il dissout l'Assemblée Nationale, il stipule que le Général de division François Bozizé assume les fonctions de Président de la République, chef de l'État et que celui-ci légifère par ordonnances en Conseil des ministres jusqu'à la mise en place des nouvelles institutions.

L'Acte constitutionnel n°2 du 15 mars 2003[72] porte organisation provisoire des Pouvoirs de l'État : c'est le chef de l'État qui nomme le Premier Ministre et les autres membres du gouvernement sur proposition de celui-ci et met fin à leur fonction. Le chef de l'État arrête la politique générale du gouvernement et veille à son application, elle est mise en œuvre par le Premier Ministre qui est chef du gouvernement.

---

[71] JO 2003 15 mars-30 avril
[72] JORCA p.72

C'est le chef de l'État qui exerce le pouvoir législatif par ordonnances.

La justice est dite indépendante, elle est rendue par la Cour de cassation, le conseil d'État, la Cour des comptes, le tribunal des conflits les cours d'appels et les tribunaux.

L'Ordonnance n° 3.001 du 23 avril 2003 porte dissolution de la Cour Constitutionnelle régie par la loi organique 95.006 du 15 août 1995.

L'Ordonnance n° 03.002 du 23 avril 2003 porte dissolution de la Haute Cour de justice régie par la loi organique 95.013 du 29 décembre 1995.

L'Ordonnance n° 03.003 du 23 avril 2003 porte amnistie relative aux événements du 28 mai 2001.

Un Gouvernement de Transition sera institué avec un Premier Ministre, le Professeur Abel Goumba, opposant, étant chef du Gouvernement.

Un Acte Constitutionnel n° 3 de décembre 2003 modifie et complète l'Acte Constitutionnel n° 2. Cet acte crée un poste de Vice-président de la République, qui par délégation du Président de la République à la charge de « certaines fonctions régaliennes » simplement il n'est pas précisé lesquelles.

▶ B- LE CONSEIL NATIONAL DE TRANSITION : UN ORGANE CONSULTATIF

Le Décret n° 3.007 du 23 avril 2003 crée un Conseil National de Transition, le décret n° 3.054 complétera les membres du Conseil.

Ce décret définit les pouvoirs de ce Conseil : un rôle législatif de simple assistance du chef de l'État en examinant les projets d'ordonnance même s'il est dit que celles-ci doivent lui être obligatoirement soumis, un rôle de propositions et de recommandations au président de la République et au gouvernement pour toutes questions qu'il juge nécessaires et un rôle d'assistance du gouvernement dans la rédaction de l'avant-projet de constitution et la préparation des élections.

II- Le Dialogue Politique Inclusif de 2003 et la nouvelle Constitution

▶ A- LE DIALOGUE POLITIQUE INCLUSIF

Un Dialogue national inclusif s'est tenu du 9 septembre au 27 octobre 2003 à Bangui, il sera clôturé le 7 novembre 2003 par décret. Il avait pour objectif de faire un diagnostic complet de la situation et de proposer des solutions, d'une part, et d'autre part de permettre à tous les Centrafricains de demander pardon, de se réconcilier et de se tourner ainsi vers la reconstruction nationale.

On peut douter de la sincérité des demandes de pardon qui ont eu lieu lorsque l'on prend en compte la suite des événements qui conduiront la Centrafrique au chaos de 2013.

Le Dialogue National a eu cependant un objectif important, celui de recommander l'adoption d'une nouvelle Constitution et d'en fixer les grandes orientations, ce sera la Constitution du 27 décembre 2004.

▶ B- LA CONSTITUTION DU 27 DÉCEMBRE 2004 : LA SIXIÈME RÉPUBLIQUE

La Constitution proclame :

> « *L'usurpation de la souveraineté par coup d'État ou par tout autre moyen constitue un crime imprescriptible contre le Peuple centrafricain. Toute personne ou tout État tiers qui accomplit de tels actes aura déclaré la guerre au Peuple centrafricain* ».

Elle institue un régime semi-présidentiel :

Le Président de la République est chef de l'exécutif.

L'exécutif est composé du président de la République et du Gouvernement. Le président de la République est élu au suffrage universel direct et au scrutin majoritaire à deux tours, son mandat est de 5 ans renouvelable une fois. Le président de la République peut dissoudre l'Assemblée Nationale après consultation du Conseil des ministres, du bureau de l'Assemblée nationale et du président de la Cour constitutionnelle, Les élections législatives ont alors lieu quarante-cinq jours au moins et quatre-vingt-dix jours au plus après la dissolution.

Le Premier ministre est chef du Gouvernement

Il détermine et conduit la politique de la Nation dont les grandes orientations sont fixées par le président de la République. Le premier ministre dispose de l'administration et nomme aux emplois civils déterminés par la loi. Il assure l'exécution des lois. Le premier ministre est responsable devant le président de la République et devant l'Assemblée nationale. Il peut être mis fin, à tout moment, aux fonctions du premier ministre par le président de la République ou à la suite d'une motion de censure adoptée à la majorité absolue des membres composant l'Assemblée nationale. À l'occasion de la présentation de son programme, le premier ministre, chef du Gouvernement, doit demander un vote de confiance à l'Assemblée nationale. Le premier ministre, chef du Gouvernement, peut, après délibération du Conseil des ministres, engager la responsabilité du Gouvernement devant l'Assemblée nationale sur le vote d'un texte.

Les actes réglementaires du premier ministre, chef du Gouvernement, sont contresignés par les ministres chargés de leur exécution. Il est précisé que l'absence du contreseing peut entraîner la nullité de ces actes.

Le pouvoir législatif : le monocamérisme

Les députés sont élus au suffrage universel direct pour une durée de cinq ans. L'Assemblée nationale vote la loi, lève l'impôt et contrôle l'action du Gouvernement. L'initiative des lois appartient concurremment au président de la République, au Gouvernement et aux députés. Les propositions de lois sont déposées sur le bureau de l'Assemblée nationale et transmises pour avis au Gouvernement.

La Cour constitutionnelle a les mêmes compétences que la précédente, sa composition est cependant différente ainsi que le mode de désignation. Ainsi, la Cour constitutionnelle comprend neuf membres dont au moins trois femmes. La durée du mandat des conseillers est de sept ans, non renouvelable. Les membres de la Cour constitutionnelle sont désignés comme suit : deux magistrats dont une femme élus par leurs pairs, un avocat élu par ses pairs ; deux professeurs de droit élus par leurs pairs ; deux membres dont une femme nommée par le président de la République ; deux membres dont une femme nommée par le président de l'Assemblée nationale.

C'est la première fois que le concept genre est pris en compte au niveau de la composition d'une Institution de la République.

La Haute Cour de Justice, prévue par la Constitution, ne sera jamais effective.

Le Conseil Économique et Social fonctionnera de façon chaotique.

Deux Institutions voient le jour, le Conseil National de la Médiation et le Haut Conseil à la Communication.

En ce qui concerne le Conseil National de la Médiation, sa création s'explique par les divers clivages qui sont nés en République Centrafricaine et la tension sociale. Le Conseil national de la Médiation est dirigé par un Médiateur, personnalité indépendante, nommée par le Président de la République.

Quant au Haut Conseil de la Communication, organe indépendant, il a pour mission de réguler le fonctionnement des Médias.

Des élections auront lieu en 2005 et verront la victoire, sans surprise de François Bozizé. Cependant, à partir de 2006 les contestations se feront plus pressantes et on va assister à la prolifération des mouvements de rébellion. Tout ceci aboutira à la conclusion d'Accords politiques qui se substitueront en grande partie à la légalité constitutionnelle.

❖ **SECTION II**- DES ACCORDS POLITIQUES EN LIEU ET PLACE DE LA LÉGALITE CONTITUTIONNELLE

I- LA MULTIPLICATION DES MOUVEMENTS DE RÉBELLION

Après 2004, et particulièrement à compter de 2006, un certain nombre de contestations politiques et de revendications sont nées, certaines portées par des mouvements de rébellion.

Ainsi, trois groupes armés d'opposition ont commencé à faire entendre leur voix si ce n'est leurs armes,
- l'Armée Populaire pour la Restauration de la Démocratie (APRD), implantée dans l'Ouham, l'Ouham Pende et la Nana Grebizi,
- le Front Démocratique du Peuple Centrafricain (FDPC) opérant aux alentours de Kabo-Sido dans le centre Nord de la République
- et l'Union des Forces Démocratiques pour le Rassemblement (UFDR) implantée dans la Haute Kotto et la Vakaga.

L'urgence d'instaurer un dialogue entre les différentes parties pour rétablir la paix et ne pas laisser le chaos s'installer a conduit, tant le Gouvernement que les autres parties, à participer à des négociations et à l'implication tant de la Communauté Internationale (les Nations Unies à travers le Bonuca Bangui, l'Union Européenne, la France, l'Agence de la Francophonie.) que la région (l'Union africaine), et la Sous-région, (CEMAC, CEEAC, CEN-SAD…). C'est ainsi que fut organisé à Bangui un Dialogue Politique Inclusif qui se tiendra du 5 au 20 décembre 2008. Préalablement, furent signés des Accords de Paix avec différents mouvements, puis l'accord de Paix Global de Libreville le 21 juin 2008. Trois accords de Paix ont été signés préalablement à l'APG : l'Accord de Syrte du 2 février 2007 signé entre le gouvernement et le FDPC sous la médiation du Président Libyen, l'Accord de Birao d'avril 2007 signé entre le gouvernement et l'UFDR. Dans cet accord, les parties étaient convenues d'une cessation des hostilités, du cantonnement des troupes de 'UFDR, de la mise en place d'un programme urgent pour la réhabilitation et la réinsertion des combattants, de la participation de l'UFDR à la gestion de l'État, en contrepartie, l'UFDR s'engageait à renoncer à la lutte armée comme moyen d'expression de ses revendications.

L'Accord de cesser le feu et de paix de Libreville de mai 2008 a été signé entre le gouvernement et l'APRD.

II- Le contenu de l'Accord de paix Global de Libreville du 21 juin 2008

L'APG a été signé à Libreville le 21 juin 2008, sous la médiation du Président Gabonais agissant en tant que président du « Comité AD HOC dans l'Espace CEMAC sur la question centrafricaine ». Il a été signé entre le gouvernement, d'une part et les mouvements politico-militaires centrafricains suivants : l'APRD et l'UFDR, le FDPC a refusé de signer l'Accord. L'Accord met en place un Comité de Suivi composé d'un représentant de la république Gabonaise, 3 représentants du Gouvernement, 3 représentants des mouvements politico-militaires, le représentant spécial de Secrétaire General des Nations Unies, le représentant de l'organisation Internationale de la Francophonie. Le FDPC signera un acte d'adhésion au processus de paix en République centrafricaine à Syrte le 3 juillet 2009 sous les Bons Offices du Président libyen, Haut médiateur Permanent pour la paix et a Sécurité de la CEN-SAD, alors président en exercice et avait été mis en œuvre dans le cadre des Accords de Libreville du 2 octobre 2002. En octobre 2006, lors du Sommet de la CEEAC tenu à Brazzaville, les chefs d'État de la CEMAC ont pris la décision de transférer l'autorité de la FOMUC, déployée en RCA depuis le 4 décembre 2002, à la FOMAC, ceci afin de permettre à la CEEAC de jouer son rôle en matière de maintien de la paix. La FOMAC s'inscrivait dans le processus de consolidation de la paix en Centrafrique d'où le sigle MICOPAX I (Mission de Consolidation de la Paix I).

À l'analyse des missions qui sont confiées à la MICOPAX, il ressort que celle-ci est une force neutre, tampon, qui effectue des missions de sécurisation, mais aussi des missions d'analyses de situation et dont toutes les actions doivent tendre à favoriser la consolidation de la paix en RCA.

Le coup d'État de la coalition SÉLÉKA, le 15 mars 2013, surprendra les Centrafricains. Une nouvelle Transition va s'ouvrir dans la douleur.

CHAPITRE VII

LA TRANSITION DANS LA DOULEUR : 2013-2016

Avec la prise de pouvoir par la coalition SÉLÉKA le 24 mars 2013, va s'ouvrir une nouvelle transition qui sera marquée par de multiples exactions commises sur les populations tant à Bangui que dans les Provinces, jamais le peuple centrafricain n'aura autant souffert !

❖ SECTION I- LA PRISE DE POUVOIR PAR LA COALITION SÉLÉKA ET SES CONSÉQUENCES CONSTITUTIONNELLES

I- L'ÉCHEC DU RÈGLEMENT DE LA CRISE PAR LE DIALOGUE : L'ACCORD POLITIQUE DE LIBREVILLE DU 11 JANVIER 2013

Lors d'élections contestées et contestables, François Bozizé sera réélu président de la République en 2011. Les élections législatives seront, elles aussi, calamiteuses. François Bozizé ne connaîtra plus la paix jusqu'à son éviction par la coalition SÉLÉKA qui opérera un nouveau coup d'État le 24 mars 2013. Et pourtant un Accord politique, un de plus avait été signé entre les divers protagonistes à Libreville le 11 janvier 2013, donc deux mois seulement plus tôt.

▶ A- LES SIGNATAIRES DE L'ACCORD

Une différence notoire apparaît entre l'Accord de Paix Global de 2008 et celui de 2013 au niveau des diverses composantes signataires : tandis que seuls les politico-militaires et le gouvernement avaient signé l'APG de 2008, les signataires de l'Accord de Libreville de 2013 sont : la majorité présidentielle, la coalition SÉLÉKA (CPJP, UFDR, UFR, CPSC), l'opposition démocratique, les mouvements politico-militaires non combattants (CPJP, MLCI, FDPC). L'opposition démocratique, la majorité présidentielle, ainsi que la société civile, présentes en 2008, n'avaient pas signé l'Accord, mais il était indiqué que celui-ci avait été signé « en leur présence ». Par contre, le Gouvernement Centrafricain était signataire de l'Accord. Celui-ci n'est pas mentionné dans l'Accord de 2013 comme Partie à l'Accord. Le Gouvernement, qui est une Institution prévue par la Constitution, doit effectivement être distingué de la majorité présidentielle. On peut juridiquement en conclure que le Gouvernement était absent de cette négociation, même si c'est un membre du Gouvernement qui conduisait la délégation de la majorité présidentielle. La majorité présidentielle, signataire de l'Accord de 2013 représentait logiquement le Président de la République en son appartenance à une formation politique, tout comme étaient représentés les Partis politiques d'opposition sous la dénomination « opposition démocratique ».

En ce qui concerne les « mouvements politico-militaires non combattants », l'Accord souligne qu'il s'agit du CPJP, du MLCJ et du FDPC. À la lecture de l'Accord, on comprend qu'il s'agit des mouvements politico-militaires qui ne font pas partie de la coalition SÉLÉKA, mais qui ont cependant participé aux négociations. Entre opposition armée et opposition démocratique, dans quelle catégorie doit-on classer les « mouvements politico-militaires non combattants » ? Dans l'APG, les mouvements étaient mentionnés sous l'appellation « mouvements politico-militaires ». On comprend le souci des acteurs de faire la différence entre la coalition SÉLÉKA et les autres mouvements présents, cependant le terme « non combattants » prête à confusion.

▶ B- LES DISPOSITIONS DE L'ACCORD

1. Le mandat du Président de la République confirmé

L'Accord de Libreville dispose en son article 1er :

« *Le Président de la République demeure en fonction jusqu'au terme de son mandat en 2016. Il ne peut se présenter pour un autre mandat* ».

L'article 24 de la Constitution fixe à 5 ans la durée du mandat présidentiel, et précise qu'il est renouvelable une seule fois. Cette disposition est confortée par l'article 108 de la Constitution qui dispose que sont notamment exclus de la révision de la Constitution « *le nombre et la durée des mandats présidentiels* ». On ne peut pas réduire la durée de ces mandats, sauf cas exceptionnels prévus par la Constitution (destitution, condamnation à une peine afflictive ou infamante, empêchement définitif d'exercer ses fonctions conformément aux devoirs de sa charge). Si l'on ne peut réduire la durée du mandat, sauf cas expressément prévus, il est proscrit d'augmenter le nombre des mandats. L'Accord de Libreville était donc en harmonie avec la Constitution sur ce point, car le Président de la République effectuait alors son deuxième mandat de 5 ans.

2. Un Gouvernement d'Union Nationale institué pour 12 mois

L'Accord de 2013 instituait un « *Gouvernement d'Union Nationale inclusif d'une durée de 12 mois, éventuellement renouvelable* » (art. 2). En ce qui concerne les diverses composantes de ce Gouvernement, outre les Parties signataires à l'Accord, la société civile devait être représentée. Le Premier Ministre et les ministres du Gouvernement d'Union Nationale ne pouvaient être destitués durant la période de transition, en contrepartie, ils ne pouvaient être candidats à la prochaine élection présidentielle (art.6). Dans son article 22, La Constitution de 2004 ne fixait pas de délai de durée du gouvernement, il prévoyait que le président de la République pouvait mettre fin à tout moment aux fonctions du Premier Ministre ou que cette destitution pouvait intervenir à la suite d'une motion de censure du Parlement. La destitution du Premier Ministre entraînant ipso facto celle des membres de son Gouvernement.

3. La période de Transition fixée à un an renouvelable

La période prévue était de 1 an, de 2013 à 2014, année des nouvelles élections législatives. On peut se demander pourquoi la période de transition n'avait pas été fixée à 3 ans pour coïncider avec les prochaines élections présidentielles, car les objectifs fixés au gouvernement nécessitaient manifestement une plus longue période que celle d'un an ; cela se justifiait d'autant plus que ses membres ne pouvaient pas être candidats aux élections présidentielles. L'Accord prévoyait cependant que cette période de 12 mois pouvait être éventuellement renouvelée.

Ainsi, le Gouvernement d'Union Nationale aurait dû normalement cesser ses fonctions dans 12 mois. Le président de la République pouvait donc, à l'issu des élections législatives, mettre en place un nouveau gouvernement, à moins que d'accord parties, la période du gouvernement de transition ne soit prolongée : cette échéance laissait entrevoir quelques difficultés à l'issu de la période de transition de 12 mois. L'imprécision, qui résulte dans le fait que le mandat pouvait être « éventuellement » renouvelé, concernant un gouvernement de crise, risquait d'être elle-même source de difficultés.

4. Le Parlement, des élections anticipées dans les 12 mois

L'Accord prévoyait en son article 7 que l'Assemblée nationale était maintenue dans ses prérogatives jusqu'aux prochaines élections législatives anticipées, cependant l'Accord n'avait pas déterminé de calendrier pour la dissolution de l'Assemblée nationale, l'Accord prévoyait simplement que le Gouvernement devait « *organiser des élections législatives anticipées après la dissolution de l'Assemblée nationale* », mais quand celle-ci devait-elle intervenir ? La seule chose qui était sûre et qui découlait logiquement de l'Accord, c'est que ces élections anticipées devaient normalement intervenir avant l'expiration ou à l'issu de la période de transition de 12 mois, puisque le Premier ministre de transition avait en charge de les organiser. Cette nouvelle imprécision pouvait cependant être source de frictions et donc de crise. Quoi qu'il en soit, il s'agissait là d'une dissolution anticipée de l'Assemblée nationale qui devait normalement être renouvelée en même temps que l'élection du Président de la République en 2016.

La Constitution de 2004 prévoyait en son article 50 que les députés étaient élus au suffrage universel direct pour une durée de 5 ans.

> « *Le mandat du député ne peut être écourté que par la dissolution de l'Assemblée nationale ou par la démission, la radiation ou la déchéance* ».

Qui pouvait dissoudre l'Assemblée nationale ?

La réponse à cette question figurait dans l'article 33 de la Constitution : le chef de l'État a le pouvoir de dissoudre l'Assemblée nationale après consultation du Conseil des ministres, du Bureau de l'Assemblée nationale et du Président de la Cour Constitutionnelle. L'acte de dissolution de l'Assemblée nationale devait donc être pris par le chef de l'État, cependant une condition n'aurait pu être remplie le moment venu, car la nouvelle Cour Constitutionnelle n'avait pas encore été mise en place et l'ancienne Cour avait cessé ses fonctions conformément à la Constitution qui disposait en son article 74 « *le mandat des conseillers est de 7 ans non renouvelable* ».

5. Le recours au « vote bloqué » une dérogation à la Constitution

Jusqu'à la mise en place de la nouvelle Assemblée pour éviter le blocage de l'action gouvernementale, il est institué le vote bloqué, une dérogation à la Constitution,

L'Assemblée nationale issue des élections de 2010 étant maintenue dans ses prérogatives jusqu'aux prochaines élections anticipées, l'Accord de Libreville prévoyait afin d'éviter les blocages de l'action gouvernementale, que les projets de loi adoptés par le gouvernement devaient être votés en l'état par l'Assemblée nationale, c'est donc le vote bloqué.

Le vote bloqué étant une procédure qui permet au gouvernement d'obliger l'Assemblée à se prononcer par un seul vote sur tout ou partie du texte en discussion, en ne retenant que les amendements proposés par lui, cela correspond donc à une limitation du droit d'amendement des parlementaires qui permet à l'exécutif de faire approuver ses projets de loi dans leur intégralité. Cette possibilité n'était pas prévue par la Constitution de 2004, il s'agit donc là d'une dérogation créée par l'Accord de Paix.

6. Un Accord qui repose sur la bonne foi des acteurs

L'Accord en appelle tout d'abord à la bonne foi des différents acteurs. Le principe de bonne foi est un principe couramment mentionné dans les Accords internationaux, il signifie qu'il ne suffit pas de signer un Accord, encore faut-il dans son application faire ce qu'il faut pour le faire fonctionner, l'appliquer en lui donnant tout son sens et ne pas mettre des obstacles volontaires à sa bonne application. Cette garantie de bonne foi devait se manifester tout au long de la période de transition, elle reposait notamment sur des dispositions qui devaient être prises par les acteurs et qui étaient listées par l'Accord :

- Les forces de coalition SÉLÉKA s'engageaient à se retirer des villes occupées et à abandonner la lutte armée,
- Le gouvernement s'engageait à libérer les personnes arrêtées en relation avec la crise sécuritaire,
- Les milices devaient être dissoutes sur l'ensemble du territoire national,
- L'administration et l'autorité de l'état devaient être rétablies sur toute l'étendue du territoire,
- Les éléments armés devaient être cantonnés dans des localités à convenir d'un commun accord, sous la supervision de la MICOPAX,
- Toutes les troupes étrangères non communautaires devaient être retirées progressivement du territoire national en fonction de l'évolution de la situation sécuritaire sur le terrain.

Ces dispositions nécessitaient manifestement pour une application effective que des calendriers soient mis en place, car aucune échéance n'avait été évoquée par l'Accord.

En outre, dans le souci de maintenir la paix et la sécurité, les acteurs s'étaient engagés à ne pas recourir à la force comme moyen de règlement des différends qui pourraient surgir et à recourir à l'arbitrage du Comité de Suivi et, si nécessaire, à la Conférence des chefs d'État de la CEEAC en cas de persistance d'un différend pouvant mettre la paix en danger.

II- La prise de pouvoir par la coalition Séléka et les Actes constitutionnels

Les événements du 24 mars 2013 qui ont vu la prise de pouvoir par la coalition SÉLÉKA en République Centrafricaine, ont entraîné la suspension de la Constitution du 27 décembre 2004 et par voie de conséquence, la dissolution des Institutions de la République. Une nouvelle transition sera instituée.

L'acte constitutionnel n°1 du 26 mars 2013 suspend la Constitution de 2004 et dissout les Institutions. L'acte Constitutionnel n° 2 organise les pouvoirs provisoires.

La Sous-Région qui s'était impliquée dans la résolution de la crise n'a pas apprécié l'auto proclamation de Michel Djotodia Am-Nondokro comme président de la République. C'est ainsi qu'elle va alors s'impliquer un peu plus dans la définition et la mise en place des Institutions de la Transition et va contrôler son déroulement de bout en bout avec l'appui de la Communauté Internationale.

Cette Transition sera prorogée à deux reprises ; elle sera également gérée par deux Chefs d'État, Michel Djotodia, et après le départ de celui-ci, poussé vers la sortie par les Chefs d'État de la Sous-Région, Catherine Samba-Panza sera élue par le CNT en remplacement de Djotodia, première femme à occuper cette fonction en République Centrafricaine.

Pour gérer la Transition, une Charte Constitutionnelle a été adoptée par le Conseil National de Transition, faisant office de Constitution de la République Centrafricaine pendant cette période.

❖ **SECTION II**- LA CHARTE CONSTITUTIONNELLE DE TRANSITION DU 18 JUILLET 2013

I- LA FORTE IMPLICATION DE LA CEEAC DANS LA DÉFINITION DU CADRE GÉNÉRAL DE LA TRANSITION

Les événements du 24 mars 2013 qui ont vu la prise de pouvoir par la coalition SÉLÉKA en République Centrafricaine, ont entraîné la suspension de la Constitution du 27 décembre 2004 et par voie de conséquence, la dissolution des Institutions Républicaines.

Pleinement impliquée dans la résolution de la nouvelle crise que traversait la RCA, la Communauté Économique des États de l'Afrique Centrale (CEEAC) avait recommandé la création d'un Conseil National de Transition (CNT) lors du troisième Sommet extraordinaire des Chefs d'État et de Gouvernement tenu le 3 avril 2013 à Ndjamena.

Le quatrième Sommet extraordinaire des Chefs d'État et de Gouvernement tenu à Ndjamena le 18 avril 2013 en a précisé la mission en spécifiant qu'il disposait de la plénitude du pouvoir législatif et qu'il avait également pour mission d'élaborer et d'adopter une Charte Constitutionnelle de Transition et de préparer le projet de la future constitution à soumettre au refendu populaire. Le 5 juillet 2013, le Conseil National de Transition a adopté la Charte Constitutionnelle de Transition (CCT) le 05 juillet 2013 ; celle-ci a été promulguée par le chef de l'État de Transition le 18 juillet 2013.

La Charte Constitutionnelle de Transition a pour cadre de référence : l'Accord Politique de Libreville du 11 janvier 2013 et les décisions du troisième et quatrième Sommets des chefs d'État et de gouvernement de la CEEAC des 3 et 18 avril 2013.

Le Sommet des Chefs d'État et de Gouvernement du 18 avril 2013 a précisé :

> « *les Accords de Libreville du 11 janvier 2013 sont et demeurent le noyau central des arrangements politiques durant la transition* ».

Ce qui restait très certainement le « noyau central » auquel faisait référence le Sommet des Chefs d'État et de Gouvernement du 18 avril 2013, étaient les principes à la base du fonctionnement de la transition et qui constituaient « l'esprit de Libreville » : le dialogue inclusif entre les Parties, la bonne foi des Parties pour l'exécution des décisions prises et la volonté commune d'œuvrer pour la réconciliation nationale, l'abstention de tout recours à la force pour le règlement des différends, le recours à l'arbitrage du Comité de Suivi en cas de litige ou désaccord et, si nécessaire, le recours à la Conférence des chefs d'État, le respect des droits de l'homme, le recours au consensus de façon prioritaire pour la prise de décisions et au compromis.

Le Sommet du 18 avril 2013 a défini dans la « Déclaration de Ndjamena » les grandes lignes de la transition et a notamment décidé de la fixation de la durée de la transition à 18 mois, de la tenue d'élections au cours de cette période, de l'élaboration par le CNT d'une Charte Constitutionnelle de Transition, de la mise en place d'une Cour Constitutionnelle de Transition.

Le Sommet du 18 avril 2013 a également décidé de revoir à la hausse le nombre des membres du CNT et de l'appellation officielle du chef de l'État de la Transition.

Le Président Sassou-Nguesso de la République du Congo a été institué Médiateur International pour la crise centrafricaine. Celui-ci s'impliquera pleinement dans la gestion de la Transition et la résolution de la crise et ce, jusqu'à la fin de la Transition.

II- Les dispositions de la Charte Constitutionnelle de Transition

▶ A- Les dispositions générales

L'abrogation de la Constitution de 2004

L'objectif de la transition et de la mise en place d'une Charte constitutionnelle est de parvenir, dans un délai raisonnable, à un retour à l'ordre constitutionnel par l'organisation d'élections libres et transparentes.

Le mot « transition » vient du latin « *transitio* » qui signifie « passage », ainsi par transition constitutionnelle on entend le passage d'une constitution à une nouvelle constitution. On doit faire face à une transition lorsque la Constitution a été suspendue ou abrogée, souvent à la suite d'une révolution, d'une crise politique ou d'un coup d'État. Il s'agit là d'un changement brusque. On entre alors dans une phase de transition constitutionnelle. Une Charte Constitutionnelle de transition est un compromis nécessaire pour parvenir à rétablir la légalité constitutionnelle.

Le pouvoir constituant a été attribué à un Conseil, le Conseil National de Transition où siègent les entités censées représenter la nation à défaut de pouvoir représenter le peuple souverain, absent de la transition.

Étant un compromis, cette Loi Fondamentale sort du cadre classique des régimes politiques tels qu'on les connaît et les étudie. Elle comporte des spécificités qui en font un texte spécial, particulier, « *sui generis* », terme latin qui signifie « de son propre genre ». Ainsi, cette Charte comporte un certain nombre de dispositions générales tirées de la Constitution de 2004, mais également des dispositions spécifiques organisant le fonctionnement des organes de la transition.

Les dispositions générales de la Charte sont fortement inspirées de la Constitution de 2004 elles font l'objet des Titre I et II. En effet, le Titre I proclame les Droits Fondamentaux de l'Homme et du Citoyen auxquels la République est attachée et les principes du gouvernement démocratique.

Quelques ajouts ont été opérés par rapport à 2004, notamment, le fait que nul ne peut être contraint à la déportation et le principe du droit à réparation pour tout individu dont les droits reconnus auront été spoliés (art.18), ainsi que le droit à la protection médicale.

▶ B- L'ORGANISATION DES POUVOIRS DE TRANSITION

L'organisation des pouvoirs de la transition démontre le souci de procéder à une légitimation des différents pouvoirs en mettant l'accent sur l'aspect réunificateur et consensuel de ces désignations.

1- Les modes de légitimation des organes de la Transition

Le Conseil National de Transition, organe constituant et législatif est composé des différentes entités représentatives de la société centrafricaine. Le Sommet de Ndjamena avait demandé que soit revue la composition du CNT afin que celui-ci assure une *« représentation populaire répondant aux critères présidant aux découpages électoraux traditionnellement suivis dans les Pays à système démocratique »*. Il a ainsi décidé de porter le nombre des Conseillers Nationaux qui étaient alors de 105 à 135.

L'arrêté 007 du Premier Ministre a procédé à cette augmentation révisant ainsi l'arrêté 005 du 13 avril 2013 qui portait création et composition du Conseil National de Transition. Cet organe était ainsi désormais composé des représentants des préfectures (25), de la ville de Bangui (2), des Partis politiques (29), de la coalition SÉLÉKA (15), des politico-militaires non combattants (1), des groupes politico-militaires n'ayant pas renoncé à la lutte armée (1 siège restant à pourvoir), des confessions religieuses (6) de la société civile (5), des médias et autres (7), des professions libérales (6), des organisations des femmes (9), des organisations des jeunes (5), des réseaux des organisations des droits de l'Homme (5), des Syndicats (6), du patronat (4), du secteur informel (2), des chambres consulaires (4), de la diaspora (3).

Le CNT a été présidé par Alexandre Ferdinand Nguendet.

2- Le chef de l'État de la Transition est élu par l'organe législatif

Le quatrième sommet extraordinaire des chefs d'État et de gouvernement de la CEEAC tenu à Ndjamena le 18 avril 2013, avait pris acte dans la « Déclaration de Ndjamena » de l'élection du Chef de l'État en ces termes :

> « *Considérant le document portant procès-verbal n 001/CNT/SG du 16 avril 2013 portant élection de m. Djotodia Am-Nondokro Michel, président de la République, chef de l'État… Prennent acte de la mise en place du Conseil National de Transition et notent l'élection du Président de la République par cet organe* ».

La Charte Constitutionnelle de Transition a confirmé ce mode de désignation :

> « *Le chef de l'État de la Transition est élu par le Conseil National de Transition pour la durée de la Transition* » (art.23 al.1).

Le CNT a ainsi élu Michel Djotodia, puis celui-ci ayant été contraint à la démission du fait de la situation sécuritaire catastrophique, il a élu Catherine Samba-Panza après l'exercice de la vacance de pouvoir par le président du CNT ainsi que le prévoyait la Charte Constitutionnelle de Transition.

3. Le chef du Gouvernement, issu de l'opposition démocratique, est désigné par consensus

> « *Le gouvernement d'Union Nationale est dirigé par un Premier ministre, chef du Gouvernement, issu de l'opposition* » (Art.4 Accord de Libreville).

Le Premier ministre de consensus, Nicolas Tiangaye, avait effectivement était nommé par le chef de l'État d'alors, François Bozizé, il sera confirmé par le chef de l'État de la Transition.

La Charte Constitutionnelle de Transition dispose en son article 29 :

> « *Le chef de l'État de la Transition* ***entérine*** *la désignation du Premier ministre, chef du Gouvernement, conformément à l'Accord politique de*

Libreville du 11 janvier 2013. Sur proposition du Premier ministre, il nomme les membres du gouvernement et met fin à leurs fonctions. »

De ces modes de désignation vont correspondre un certain nombre de règles relatives aux pouvoirs des divers organes ; le compromis et la concertation devant prévaloir.

4. Le compromis pour la détermination des pouvoirs des organes de la Transition et la concertation pour leur fonctionnement

Les pouvoirs de l'exécutif sont redéfinis dans le sens du renforcement de la concertation et de la responsabilisation L'exécutif est bicéphale ainsi l'article 22 de la Charte Constitutionnelle de Transition dispose :

« *Le pouvoir exécutif est composé du chef de l'État de la Transition et du Premier ministre, chef du Gouvernement de Transition* ».

Les pouvoirs du chef de l'État

La Charte Constitutionnelle de Transition a conféré au chef de l'État de la transition des attributions fondamentales classiquement dévolues au chef de l'exécutif. Ainsi, le chef de l'État incarne et symbolise l'unité nationale, il veille au respect de la Charte Constitutionnelle de Transition, assure par son arbitrage, le fonctionnement régulier des pouvoirs publics ainsi que la continuité de l'État, il est le garant de l'indépendance nationale, de l'intégrité du territoire, de la sécurité des personnes et des biens sur l'ensemble du territoire national, et du respect des engagements internationaux ; il le chef suprême des armées, il assure le maintien de l'ordre et de la sécurité publique, il est le garant de l'indépendance du pouvoir judiciaire, il le droit de grâce, il préside les Conseils des ministres, il promulgue les lois, il accrédite les Ambassadeurs et envoyés spéciaux et les Ambassadeurs et envoyés spéciaux sont accrédités auprès de lui, il négocie, approuve et ratifie les Traites et Accords internationaux.

Il veille à la mise en œuvre de la feuille de route de la Transition par le gouvernement.

Le chef de l'État de la transition peut déléguer ses pouvoirs au Premier ministre, à l'exception du pouvoir de nomination et de cessation des fonctions des membres du gouvernement, ce pouvoir de nomination est donc un pouvoir exclusif du chef de l'État. Par délégation du chef de l'État, le Premier ministre et les ministres concernés négocient et approuvent les Accords de coopération, les accords de prêts, les conventions de financement et les accords internationaux en matière de développement économique.

Les pouvoirs renforcés du Premier ministre

Le Premier ministre coordonne les activités du gouvernement qui dispose de l'administration, il exerce le pouvoir réglementaire en prenant des arrêtés et autres actes réglementaires, il assure l'exécution des lois, il préside les conseils de Cabinet et les Comités ministériels, il préside le comité de trésorerie et en rend compte au chef de l'État. Il met en œuvre la feuille de route de la transition, enregistre les décisions prises et veille à leur exécution.

A côté de cela, la Charte a institué une concertation quasi permanente entre le chef de l'État et le Premier ministre sur un certain nombre d'attributions.

Le contreseing et la concertation sont deux spécificités de la Charte Constitutionnelle de la Transition. L'un ne va pas sans l'autre et l'un renforce l'autre.

Les pouvoirs partagés : la concertation et le contreseing

La concertation pour une transition apaisée :
La concertation qui doit prévaloir entre le chef de l'État et le Premier ministre est rappelée dans plusieurs articles : les articles relatifs à l'exercice du droit de grâce du chef de l'État, l'article 31 qui stipule que les décrets sont pris en conseil des ministres par consensus, la nomination aux hautes fonctions civiles et militaires par le chef de l'État se fait en accord avec le Premier ministre et donc en concertation avec lui ; le Premier ministre, en concertation avec le chef de

l'État, met en œuvre la feuille de route de la transition et fixe l'ordre du jour du conseil des ministres.

Le contreseing pour des responsabilités partagées :
En droit constitutionnel, le contreseing est le fait pour une autorité d'apposer sa signature sur un acte tel qu'un décret et d'en endosser ainsi la responsabilité avec l'autorité qui a pris l'acte. Ce n'est pas une spécificité centrafricaine, en effet, le contreseing est prévu par exemple dans l'article 19 de la Constitution française.

La Charte institue le contreseing en son article 30 al.2 :

> « *Le chef de l'État de la transition promulgue les lois et signe les décrets délibérés en conseil des ministres. La promulgation des lois et la signature des décrets délibérés en Conseil des ministres font l'objet du contreseing du Premier ministre. Le ministre concerné contresigne le décret dans les matières relevant de ses compétences.* »

Le décret relève du pouvoir exclusif du chef de l'État, ce pouvoir n'a pas été accordé au Premier ministre.

La promulgation des lois relève également de la seule compétence du chef de l'État. Le contreseing des décrets est double, celui du Premier ministre et celui du ministre concerné.

L'absence du contreseing lorsque celui-ci est requis entraîne la nullité de l'acte.

Le contreseing a été introduit pour favoriser la concertation et la collaboration entre le chef de l'État, le Premier ministre et les ministres, concertation et collaboration sans lesquelles la transition serait un échec, mais aussi pour instituer une solidarité et des responsabilités partagées dans la gestion de la transition. Le contreseing, qui n'est pas un simple visa, engage la responsabilité de celui qui appose sa signature, il est également une manifestation du consentement au contenu du décret contresigné et un engagement pour son exécution.

Cependant, le contreseing ne s'applique pas aux actes suivants : la nomination du Premier ministre, l'exercice du droit de grâce, l'octroi des distinctions honorifiques, les nominations au sein de la Présidence de la République et l'organisation des Services du chef de l'État.

En ce qui concerne le Conseil National de Transition, il est organe constituant et organe législatif, ses pouvoirs sont donc importants, mais ils ont été également limités par la Charte Constitutionnelle de Transition conformément aux décisions de Libreville et de Ndjamena.

1. L'étendue et les limites de la compétence du CNT

> « *Le **pouvoir législatif et constituant** de la République Centrafricaine est exercé par le Conseil National de la Transition* » (art.49 de la CCT).

Dans des situations de changements brusques de régimes soit par des révolutions, des crises internes ou des coups d'État, les constitutions sont suspendues ou abrogées, avec pour conséquence la suspension ou la dissolution des institutions républicaines. Il faut alors désigner le pouvoir constituant qui sera chargé d'élaborer une nouvelle Constitution. On a souvent recours à une Assemblée Constituante, en l'occurrence, le CNT a été désigné organe constituant, mais également législatif. La spécificité est que cet organe a été chargé d'élaborer et d'adopter la Charte constitutionnelle, mais aussi d'élaborer la future Constitution qui, elle, a été soumise au peuple par referendum. Pour ce faire, le CNT n'agit pas au nom du peuple souverain, mais au non d'un consensus national et de la volonté d'instances régionales. Il a un pouvoir originaire et non institué.

En ce qui concerne le pouvoir législatif, la liste des matières qui sont du ressort de la loi, et donc de la compétence du CNT, est la liste qui figurait dans la Constitution de 2004.

Une attribution tout à fait spécifique du CNT est l'élection du chef de l'État de la Transition. Cette élection a été instituée pour que le chef de l'État de la Transition soit désigné par les entités représentatives de la société centrafricaine.

Autre attribution spécifique du CNT, sa participation à la détermination du contenu de la feuille de route que devait élaborer le gouvernement. Ainsi, dans le cadre des priorités fixées par Libreville et confirmées par N'Djamena, le gouvernement devait élaborer la feuille de route de la transition, qu'il devait soumettre à l'approbation du Comité de suivi de Libreville et au Groupe International de Contact. Une fois adoptée en Conseil des ministres, la feuille de route devait être soumise au CNT qui pouvait l'enrichir, et le gouvernement devait alors tenir compte de ces enrichissements.

Toutefois, **deux limitations importantes** des pouvoirs du CNT ont été insérées dans la Charte conformément aux Accords : l'impossibilité pour le CNT d'utiliser la motion de censure ou le vote de confiance contre le gouvernement et le recours au vote bloqué pour l'adoption de quelques textes de lois spécifiques.

L'article 74 de la Charte Constitutionnelle de Transition dispose *:*

> « *toute question de confiance, toute motion de défiance ou de censure est irrecevable pendant la durée de la transition* ».

L'Accord de Libreville avait institué le vote bloqué pour certains textes, cette exigence a été reprise par la Charte Constitutionnelle de Transition en ce qui concerne le Code électoral, et, dans une moindre mesure, le projet de loi des finances à l'occasion duquel le CNT se prononce en ne retenant que les amendements acceptés par le gouvernement. De même, La révision de la Charte Constitutionnelle n'intervient que lorsque le projet a été voté en l'état par le CNT à la majorité des ¾ des membres qui la composent.

Ainsi, le chef de l'État exerce les pouvoirs classiquement dévolus au chef de l'Exécutif ; le Premier ministre voit ses pouvoirs renforcés par le contreseing comparé à ceux normalement dévolus à un Premier ministre de déconcentration ; il ne peut être destitué, mais il doit exercer ses pouvoirs en concertation avec le chef de l'État et vice-versa. Le CNT, organe constituant et législatif ne peut cependant pas renverser le gouvernement par le vote d'une motion de censure, il n'a pas en outre, dans des domaines définis, la possibilité d'apporter des amendements à certains projets de loi du Gouvernement.

La Charte instituait également conformément aux recommandations du Sommet des chefs d'État et de Gouvernement de la CEEAC, une Cour Constitutionnelle de Transition.

2. La protection de la Charte par la Cour Constitutionnelle de Transition

Au niveau de la composition de la Cour Constitutionnelle de Transition, l'aspect genre a été pris en compte, ainsi, la Cour Constitutionnelle de Transition comporte obligatoirement 4 femmes juges. La précédente Cour devait comporter au moins 3 femmes.

La Cour Constitutionnelle de Transition prête serment devant l'organe législatif.

Dans la Constitution de 2004, il était prévu que la Cour Constitutionnelle prête serment au cours d'une cérémonie solennelle présidée par le président de la République en présence du Bureau de l'Assemblée nationale. La difficulté de la situation de la transition était que le chef de l'État n'avait pas encore prêté serment et de ce fait, il ne pouvait logiquement recevoir le serment des membres de la Cour, C'est ainsi que le CNT avait opté pour la prestation de serment devant lui, celle-ci avait eu lieu le 16 août 2013, puis le chef de l'État a prêté serment devant la Cour le 18 août en présence du président Sassou-Nguesso du Congo, Médiateur, et du président Deby du Tchad, président en exercice de la CEEAC.

En ce qui concerne la compétence de la Cour, la loi 13.002 promulguée par le chef de l'État le 14 août 2013 porte organisation et fonctionnement de la Cour Constitutionnelle de Transition. Sa compétence est déterminée par l'article 76 de la Charte et le chapitre 2 de la loi du 14 août, ce sont des attributions classiques, mais qui prennent toute leur importance dans le contexte de la période de transition.

La Cour Constitutionnelle de Transition avait ainsi pour mission de trancher les conflits de compétence au sein du pouvoir exécutif, entre le pouvoir législatif et exécutif et entre l'État et les collectivités territoriales, c'est une fonction de régulation qui conférait à la Cour Constitutionnelle un pouvoir important en cette période délicate. Elle doit veiller à la régularité des consultations électorales, examiner et en proclamer les résultats, juger de la constitutionnalité des lois organiques et des règlements ordinaires, connaître du contentieux électoral.

La Cour Constitutionnelle de Transition avait un véritable rôle d'arbitre, elle a sifflé le début du match par la prestation de serment du chef de l'État de la Transition. Durant la Transition, elle a veillé à ce que les acteurs respectent les règles contenues dans la Charte constitutionnelle et enfin, Elle a sifflé la fin du match en recevant le serment du Président élu.

La Cour Constitutionnelle de Transition a eu à exercer son rôle de protection à plusieurs reprises par des contrôles de constitutionnalité, par l'interprétation de la Charte notamment sur la question des inéligibilités, la question du vote des réfugiés et la fixation de la période de Transition.

La Cour constitutionnelle de Transition a investi 3 chefs d'État, Michel Djotodia, Catherine Samba-Panza et le Président démocratiquement élu, le professeur Faustin Archange Touadéra le 30 mars 2016.

3. La protection de la Transition par les instances sous-régionales : Le Médiateur et la CEEAC

La Charte Constitutionnelle prévoyait l'intervention du Médiateur dans les situations suivantes :

La période de transition commençait à courir à compter de la cérémonie de prestation de serment du chef de l'État donc le 18 août 2013. En ce qui concerne la durée de la transition, celle-ci était de 18 mois, mais avec la possibilité de porter ce délai à 24 mois sur avis conforme du Médiateur (art.102 de la CCT). L'avis conforme signifiait que le Médiateur devait obligatoirement être d'accord avec la prolongation proposée conjointement et motivée du chef de l'État, du Premier ministre et du Président du CNT.

En cas de litige ou de désaccord persistant survenant entre les Institutions de la transition celles-ci avaient l'obligation, à l'initiative de la partie la plus diligente, de recourir dans un premier temps au Comité de Suivi, et si nécessaire au Médiateur et en dernier recours à la Conférence des Chefs d'État de la CEEAC.

En ce qui concerne la révision de la Charte Constitutionnelle de Transition, celle-ci faisait l'objet du Titre XI, l'avis conforme du Médiateur était également requis.

4. Les garde-fous de la Transition

Ils se concrétisent par l'impossibilité de réviser certaines dispositions de la Charte et par les incompatibilités et les inéligibilités.

Si la révision de la Charte était possible, néanmoins, certaines questions étaient expressément exclues par l'article 101 de la révision ceci pour une cohérence entre les dispositions de la Charte. Il s'agit notamment des inéligibilités, de l'irrévocabilité du Premier ministre, de l'impossibilité de diminuer ses attributions, des incompatibilités, des droits et libertés fondamentaux du citoyen et bien entendu de ce même article 101, en toute logique.

En ce qui concerne les incompatibilités et les inéligibilités, les incompatibilités sont prescrites au chef de l'État, au Premier ministre, aux membres du Gouvernement, aux membres du CNT, aux membres de la Cour Constitutionnelle étaient fixées par la Charte Constitutionnelle de Transition ainsi que les diverses inéligibilités, elles sont un gage de bonne gestion et de transparence. Les inéligibilités qui faisaient l'objet de l'article 106 avaient été prévues pour éviter les conflits d'intérêts et favoriser le déroulement d'une transition apaisée.

La République Centrafricaine va s'acheminer vers des élections qui lui permettront de retrouver l'ordre constitutionnel.

CHAPITRE VIII

LA RÉPUBLIQUE CENTRAFRICAINE A LA CROISÉE DES CHEMINS

Par l'adoption d'une nouvelle Constitution par referendum le peuple a reconquis sa souveraineté, cependant la République centrafricaine est maintenant à la croisée des chemins et rien n'est encore joué.

❖ **SECTION I**- L'AVÈNEMENT DE LA SEPTIÈME RÉPUBLIQUE : LE PASSAGE DU FLAMBEAU PAR LA VOLONTÉ DU PEUPLE CENTRAFRICAIN

I- VERS DES ÉLECTIONS LIBRES ET TRANSPARENTES : LE PARCOURS DU COMBATTANT

▶ A - LA PROLONGATION DE LA TRANSITION À DEUX REPRISES

La tenue d'élections libres et transparentes a été un véritable parcours du combattant tant pour les dirigeants nationaux que pour la Communauté Internationale. Une cogestion des Affaires de l'État s'est installée pendant la Transition entre l'exécutif et la Communauté Internationale notamment en ce qui concerne la préparation des élections et cette cogestion s'est concrètement manifestée par la mise en place d'un Comité de préparation. La création de ce comité a été décriée par une partie de la classe politique centrafricaine et de la société civile qui invoquaient l'argument selon lequel la préparation des élections relevait de l'ANE, organe indépendant et que le gouvernement ne pouvait ainsi s'immiscer dans cette préparation. S'il est vrai que la préparation des élections est du ressort de l'ANE il n'en demeure pas moins que la Charte constitutionnelle donnait également au gouvernement la responsabilité de l'organisation des élections d'une part et que d'autre part il s'agissait d'une période exceptionnelle où il était nécessaire d'unir toutes les énergies pour aboutir à la sortie de crise et au retour à l'ordre constitutionnel. Il est certain que sans la mise en place de ce Comité les élections auraient pris encore plus de retard ce qui aurait entraîné une prolongation de la période de la Transition plus longue que celle connue, ce qui n'était pas souhaitable ni souhaité particulièrement par la CEEAC. Ce parcours du combattant s'est manifesté par un report de la fin de la Transition en application des dispositions prévues par la Charte, la transition qui avait commencé à courir à compter de l'investiture du chef de l'État le 18 août 2013 et qui devait initialement s'achever au bout de 18 mois soit le 17 février 2015, a été prorogée de six mois sur Accord du Médiateur, elle devait ainsi s'achever le 16 août 2015 après cette première prolongation, elle sera prolongée à nouveau par les Chefs d'État de la CEEAC, finalement elle ne s'achèvera que le 30 mars 2016 par l'investiture du nouveau chef de l'État démocratiquement élu.

▶ B- LA QUESTION DE LA PARTICIPATION AUX ÉLECTIONS

Deux exemples peuvent illustrer la question de la participation aux élections, deux questions qui ont été portées devant la cour Constitutionnelle de Transition : celle des inéligibilités et celle du vote des réfugiés.

1. Les inéligibilités

L'article 106 de la Charte Constitutionnelle Transition disposait que le chef de l'État de la Transition, le Premier ministre de Transition, les membres du gouvernement de Transition et les membres du Bureau du Conseil Nationale de Transition sont inéligibles aux élections organisées durant la transition. Les juges constitutionnels et les membres du Haut Conseil de la Communication ne pouvaient être candidats aux élections présidentielle et législatives organisées à l'issue de la Transition.

Cette question faisant débat et même polémique, la Cour Constitutionnelle de Transition a été saisie par le Chef de l'État de la Transition en interprétation de cette disposition par une requête datée du 23 juillet 2015.

Par sa décision la Cour a répondu qu'en application de l'article 106 de la Charte Constitutionnelle de Transition, toute personnalité ayant porté le titre et ayant exercé les fonctions de chef d'État de la Transition, de Premier ministre de Transition, de membre du Gouvernement de Transition, de membre du Bureau du Conseil National de Transition, de Juge Constitutionnel ou de membre du Haut Conseil de Communication était frappée par les inéligibilités prévues à l'article 106 de la Charte quelle que soit la durée pendant laquelle elle a exercé ces fonctions pendant la Transition et quelles que soient les causes de la cessation des fonctions ainsi exercées.

La cour a ensuite établi sur la base de cette décision une liste des personnalités inéligibles, 109 personnalités étaient ainsi concernées.

2. Le vote des réfugiés

La question du vote des réfugiés a également été portée devant la Cour Constitutionnelle de Transition par une requête en conformité du chef de l'État de la Transition. Cette question posait le problème du droit de vote des réfugiés et elle a été l'occasion d'une fronde des Conseillers Nationaux à l'encontre de la Cour Constitutionnelle de Transition et de sa décision, ce qui était tout à fait regrettable dans le cadre du fonctionnement de l'État de Droit, les décisions de la cour s'imposant à tous même au législateur qui, lui-même, en avait fixé le principe puisque c'était le CNT qui avait adopté la Charte Constitutionnelle de Transition.

Les réticences exprimées concernaient des inquiétudes quant à l'organisation du vote dans les camps de réfugiés, quant à la possibilité pour les candidats ou leurs représentants de battre campagne dans ces lieux, des craintes de fraudes. La décision de la cour s'en tenait à l'application de la loi fondamentale qui reconnaît le droit de vote à tout Centrafricain en âge de voter. Finalement après un deuxième passage devant le CNT, les Conseillers ayant reçu des assurances quant à l'organisation, le droit de vote a bien été reconnu aux réfugiés et ceux-ci l'ont exercé. L'analyse des résultats du vote des réfugiés n'a pas donné raison aux inquiétudes politiques, car ceux-ci ont voté dans les Pays où il avait été organisé dans le calme et la transparence.

▶ C- L'ACCORD DE CESSATION DES HOSTILITÉS DU 23 JUILLET 2014 : UN ACCORD DE PLUS

Un Accord de cessation des hostilités a été conclu à Brazzaville sous l'égide du Médiateur International, le Président Denis Sassou-Nguesso, appuyé par l'Union Africaine et la CEEAC. Il a été conclu entre les « ex-combattants et les éléments armés centrafricains ».

Ont ainsi signé cet Accord :

- le Front Populaire pour la Renaissance de la Centrafrique (FPRC), représenté par Mohammed Moussa Dhafane (ex coalition Séléka),
- les anti-balaka, représentés par Patrice Edouard Ngaïssona,
- le front Démocratique du Peuple Centrafricain (FDPC), représenté par André Le-Gaillard Ringui,
- Révolution et Justice (RJ), représenté par Armel Sayo,
- le Mouvement de Libération Centrafricaine pour la Justice (MLCJ), représenté par Abakar Sabone,
- l'Union des Forces Républicaines (UFR), représentée par Florian N'djadder Beday,
- l'Union des Forces Républiques Fondamentales (UFRF), représentée par Dieu-Bénit Gbeyakikobet.

Cet Accord a été conclu en présence du Gouvernement de Transition représenté par le ministre des Affaires étrangères, du Conseil National de Transition représenté par son Président, des Partis politiques, de personnalités indépendantes, du Conseil National de la Jeunesse, de l'Organisation des Femmes Centrafricaines (OFCA), du Comité Consultatif des

Femmes Leaders, du Haut Conseil de la Communication de Transition, du Syndicat des Travailleurs, de la Confédération Nationale des Agriculteurs et Éleveurs, de confessions Religieuses, du Conseil Inter-ONG en Centrafrique (CIONG-CA), du groupement Interprofessionnel en Centrafrique (GICA), de la Diaspora, de déplacés internes, des Communautés à risques, de l'Union Africaine et de la CEEAC et du Médiateur International.

Tout ce monde pour des engagements qui ne seront pas tenus !

II- LA CONSTITUTION DU 30 MARS 2016

À l'issue d'une Transition tumultueuse, le peuple centrafricain s'est exprimé massivement lors du scrutin référendaire du 13 décembre 2015 en adoptant la proposition de Constitution qui lui était soumise par 92,86 % de votes positifs ; par ce vote, il a voulu manifester sa détermination à sortir de la Transition et à retrouver l'ordre constitutionnel en redonnant à la République centrafricaine sa place dans le concert des nations. En ce qui concerne le contenu de la Constitution, celui-ci a été très peu vulgarisé et souvent l'électeur était ignorant de ses dispositions, mais son vote permettait à la RCA de sortir de la période exceptionnelle qu'est une Transition.

Rappelons que l'évolution constitutionnelle de la République Centrafricaine est marquée par 9 Constitutions (si l'on compte la Constitution instituée sous la Communauté) et une Charte Constitutionnelle de Transition récapitulée ainsi qu'il suit :

(1) - La Constitution du 16 février 1959 au sein de la Communauté, **1ère République**,

(2) - La Constitution du 13 décembre 1960 (David Dacko I), **2ème République** (indépendante),

- La Constitution du 26 novembre 1964 (David Dacko I) révision de celle du 13 décembre 1960, 2ème République,

(3) - La Constitution du 4 décembre 1976 (***La Monarchie parlementaire***. J.B. Bokassa),

(4) - La Constitution du 5 février 1981 (David Dacko II), **3ème République,**

(5) - La Constitution du 28 novembre 1986 (André Kolingba), **4ème République**,

(6) - La Constitution du 15 janvier 1995 (Ange Félix Patassé) (démocratiquement élu), **5ème République**,

(7) - La Constitution du 27 décembre 2004 (François Bozizé), **6ème République**,

(8) - La ***Charte Constitutionnelle de Transition*** du 18 juillet 2013 (Michel Ndjotodia et Catherine Samba-Panza),

(9) - La Constitution du 30 mars 2016 (qui a permis l'élection de Faustin Archange Touadéra), **7ème République**. Cette constitution a été promulguée par le chef de l'État de la Transition le matin du 30 mars préalablement à la cérémonie d'investiture du Président de la République par la Cour Constitutionnelle.

La Constitution du 30 mars 2016 est donc la neuvième Constitution centrafricaine. Comment a-t-elle été élaborée et quel est son contenu ?

▶ A-LES PARTICULARITÉS DE LA CONSTITUTION

1. Le processus d'adoption de la Constitution du 30 mars 2016 : un processus consensuel

L'adoption de la Constitution du 30 mars 2016 a suivi plusieurs étapes, étapes qui avaient été fixées par la Charte Constitutionnelle de Transition en son article 65 : l'avant-projet de proposition de Constitution a été élaboré par le Conseil National de Transition (CNT), organe constituant ; il a été ensuite soumis au Gouvernement pour amendements ; le projet tenant compte des amendements du Gouvernement a été examiné et amendé par un atelier national d'enrichissement, l'atelier comprenant les diverses entités représentatives de la Société centrafricaine ; le projet issu de l'atelier national a été soumis à la Cour Constitutionnelle pour avis, le texte est alors revenu devant le CNT qui l'a amendé à nouveau en tenant compte notamment de l'avis émis par la Cour Constitutionnelle et enfin la proposition de Constitution a été soumise au Peuple par referendum qui l'a adoptée le 13 décembre 2015.

L'originalité de cette Constitution réside en ce qu'elle s'est efforcée de prendre en compte les causes des différentes crises qu'a connues la République centrafricaine.

En effet, certaines de ses dispositions ont pris en compte des questions qui ont été source de conflits pendant les événements qui ont secoué la République Centrafricaine :

2. La proclamation de principes fondamentaux de la République

« *Les principes de la République sont : le gouvernement du peuple par le peuple et pour le peuple, la séparation de l'État et de la religion, l'unité nationale, la paix sociale, la justice sociale, la solidarité nationale, la bonne gouvernance et le développement économique et social* » (art.25).

Chacun sait que l'unité nationale a été mise à mal et que la question de la laïcité de l'État se pose désormais avec acuité.

3. Le rôle et les missions respectives des Forces de Défense et de Sécurité sont précisés

« *Les Forces de Défense et de sécurité sont professionnelles, multi ethniques, républicaines et non partisanes* ».

Les missions des Forces de défense et de sécurité sont désormais précisées, car depuis l'Indépendance on assiste à une confusion entre les missions dévolues à l'Armée et celles dévolues à la police et à la gendarmerie.

« *Les Forces de défense ont pour mission de garantir l'intégrité du Territoire ainsi que la sécurité des populations contre toute agression ou menace extérieure ou intérieure, dans le respect des dispositions constitutionnelles et des lois.*

Les Forces nationales de Sécurité ont pour mission de défendre l'autorité de la loi et de garantir la sécurité des personnes et des biens » (Art. 27).

4. Le rejet de la prise de pouvoir par la force et le rejet de la dictature

« *L'usurpation de la souveraineté par coup d'État, rébellion, mutinerie ou tout autre procédé non démocratique constitue un crime imprescriptible contre le peuple centrafricain. Toute personne ou tout État tiers qui accomplit de tels actes aura déclaré la guerre au peuple centrafricain.* » (Art.28).

Ceci est une reprise de la disposition de la Constitution de 2004.

5. La responsabilisation du citoyen

« *La défense de la Patrie est un devoir pour tout citoyen* » (Art. 22).

« *En cas de coup d'État, d'agression par un État tiers ou par des mercenaires, les autorités habilitées par la Constitution ont le droit et le devoir de recourir à tous les moyens pour rétablir la légitimité constitutionnelle, y compris le recours aux Accords de coopération militaire ou de Défense en vigueur. Dans ces circonstances, tout citoyen ou groupe de citoyens a le droit et le devoir de s'organiser d'une manière pacifique, pour faire échec à l'autorité illégitime.* » (Art.29).

En outre, la Constitution renforce le rôle du citoyen dans le contrôle du respect de la Constitution. Ainsi, désormais toute personne peut saisir directement la Cour Constitutionnelle sur la Constitutionnalité des lois et règlements.

6. Le renforcement de la décentralisation : Les Collectivités Territoriales

« *La République est organisée en Collectivités Territoriales sur la base du principe de décentralisation dans le respect de l'unité nationale. L'État veille au développement harmonieux de toutes les Collectivités Territoriales sur la base du fondement de la solidarité nationale, des potentialités régionales et de l'équilibre interrégional* » (Art. 128).

Cette décentralisation apparaît indispensable, elle permettra de développer les régions de façon plus équilibrée et de mieux prendre en compte les aspirations de l'ensemble des citoyens.

▶ B- L'ORGANISATION DES POUVOIRS : UN RÉGIME SEMI-PRÉSIDENTIEL

1. Le pouvoir exécutif

Le Président de la République est le chef du Pouvoir exécutif. Il nomme le Premier ministre et met fin à ses fonctions. Sur Proposition du Premier ministre, il nomme les autres membres du Gouvernement et met fin à leurs fonctions. Il est le chef suprême des Armées. Il a autorité sur toutes les administrations publiques et parapubliques et veille à leur neutralité. Il nomme aux fonctions civiles et militaires. Il négocie, signe, ratifie et dénonce les Accords et Traites internationaux. Il incarne et symbolise l'unité nationale. Le Gouvernement comprend le Premier ministre et les ministres. Le Premier ministre, chef du gouvernement détermine et conduit la politique de la nation dont les grandes orientations sont fixées par le Président de la République.

2. Le Pouvoir législatif est bicéphale

Le Parlement comprend l'Assemblée Nationale et le Sénat, nouvelle institution. Les députés sont élus au suffrage universel direct pour cinq ans. Quant au Sénat, il fait l'objet du chapitre 2 du Titre IV, les représentants élus des Collectivités Territoriales élisent, au suffrage universel indirect, pour une durée de cinq ans, des citoyens qui constituent le Sénat et qui portent le titre de Sénateur.

Les rapports entre les pouvoirs

Ceux-ci sont ceux classiquement organisés tels que dans un régime semi-présidentiel avec des rapports de collaboration et de contrôle.

▶ C- LE RENFORCEMENT DE LA DÉMOCRATIE PAR DE NOUVELLES INSTITUTIONS

La Cour Constitutionnelle, la Haute Cour de Justice, le Conseil Économique et Social, le Haut Conseil de la Communication sont reconduits ; le Médiateur est à la tête du Conseil National de Médiation, la Haute autorité chargée de la Bonne Gouvernance est instituée ainsi que le Sénat.

La Cour Constitutionnelle (Titre VI)

Elle est juge de la Constitutionnalité des lois. Elle assure la régulation du fonctionnement des Institutions et de l'activité des pouvoirs publics, elle connaît du contentieux électoral et proclame les résultats définitifs des élections. Elle comprend 9 membres dont au moins 4 femmes. La grande nouveauté au sein de cette Institution est très certainement la possibilité désormais pour toute personne de saisir la Cour en matière d'inconstitutionnalité, ce qui responsabilise le citoyen.

La Haute Cour de Justice (Titre VIII)

C'est une institution non permanente, composée de 6 magistrats, 3 députés et 3 sénateurs. Elle est chargée de juger le Président de la République en cas de haute trahison et les membres du Gouvernement ainsi que les députés et les sénateurs.

Le Conseil Économique et Social (Titre X)

C'est une Assemblée consultative en matière économique et sociale, culturelle et environnementale.

Le Conseil National de la Médiation (Titre XI)

Il a pour mission principale l'amélioration des relations entre les citoyens et l'Administration, en vue de protéger et de promouvoir les droits des citoyens.

Le Haut Conseil de la Communication (Titre XII)

Il est chargé d'assurer l'exercice de la liberté d'expression et l'égal accès pour tous aux médias. Il comprend neuf membres cooptés dont au moins 4 femmes.

L'Autorité Nationale des Élections (Titre XIII)

Elle a en charge l'organisation des élections.

La Haute Autorité Chargée de la Bonne Gouvernance (Titre XIV)

La Haute Autorité chargée de la Bonne Gouvernance a une compétence très étendue qui ne se limite pas à la lutte contre la corruption. Elle veille notamment à la représentation équitable de toutes les régions de la RCA dans les Institutions publiques et parapubliques. Elle veille à proscrire toute gestion clanique, familiale, patrimoniale et partisane de la chose publique. Elle veille également à la protection des minorités, des peuples autochtones, des personnes handicapées ainsi que du principe de l'égalité entre homme et femme.

À l'exception du Sénat, qui nécessite des élections locales et régionales préalables, les Institutions devaient être mises en place dans un délai de 12 mois à compter de la promulgation de la Constitution donc à compter du 30 mars 2016, ceci en application de l'article 155 de la Constitution. Ce délai a été respecté, l'installation des dernières institutions étant intervenue le 28 mars 2017.

Le problème de la multiplication du nombre des Institutions réside très certainement dans le coût financier qu'elles entraînent.

La Constitution peut être révisée, cependant certaines questions sont expressément exclues de la révision en application de l'article 153 : la forme républicaine et laïque de l'État, le nombre et la durée des mandats présidentiels, les conditions d'éligibilité, les incompatibilités aux fonctions de Président de la République, les droits fondamentaux du citoyen, les dispositions de l'article 153 elles-mêmes.

La Constitution du 30 mars 2016 permettra-t-elle à la République Centrafricaine de sortir de la crise ?

❖ **SECTION II**- LE GRAND DÉFI : RECONSTRUIRE LA RÉPUBLIQUE CENTRAFRICAINE AUTOUR DE LA CONSTITUTION

Le chemin de la Réconciliation Nationale passe par la construction de la Nation centrafricaine autour des principes fondamentaux proclamés par la Constitution.

La promotion de la démocratie, de l'État de Droit a marqué l'évolution du constitutionnalisme africain. Le constitutionnalisme en Afrique se caractérise au lendemain des Indépendances par un mimétisme constitutionnel, la Constitution française étant la référence pour les États francophones. Très vite les Institutions mises en place ne vont pas fonctionner, des coups d'État vont installer des régimes autoritaires, des régimes présidentialistes quand il ne s'agit pas tout simplement de dictatures, ceci jusqu'en 1989 avec la chute du mur de Berlin ; avec la dislocation de l'Union Soviétique et le discours de la Baule, une nouvelle ère va s'ouvrir faisant place à la promotion de régimes démocratiques, le pouvoir reste cependant fortement centralisé et la suprématie de la Constitution n'est toujours pas assurée, ceci parce que les mauvaises habitudes ne se perdent pas du jour au lendemain.

En effet, la période autoritaire a laissé des séquelles : le présidentialisme qui résiste malgré tout dans certains États, la mise à mal du tissu social et de l'unité nationale, la mauvaise gouvernance, les dysfonctionnements de la justice, les coups d'État ou les tentatives de coups d'État, l'absence d'alternance au pouvoir dans certains États, la naissance de mouvements de rébellion et la naissance de Conflits armés non internationaux dans d'autres, allant de pair avec la désorganisation de l'armée nationale, tous ces facteurs sont autant de freins à l'instauration d'un État de droit.

En République Centrafricaine, la réconciliation nationale doit se faire autour des principes fondamentaux proclamés par la Constitution. Pour cela, il est indispensable de renforcer les Institutions de la République, de construire la Nation Centrafricaine autour d'un Pacte social.

I- RENFORCER LE CONTRÔLE DÉMOCRATIQUE ET LES INSTITUTIONS DE LA RÉPUBLIQUE

Deux axes sont prioritaires, le Parlement doit être un Parlement responsable et l'Armée doit être républicaine et professionnelle.

▶ A- DE CHAMBRES D'ENREGISTREMENT À UN PARLEMENT RESPONSABLE

La disparition des deux blocs à la suite de la chute du Mur de Berlin qui lui-même a entraîné la dislocation de l'Union des Républiques Socialistes Soviétiques (URSS) a eu des répercussions dans le monde entier et particulièrement en Afrique.

Un constat a été fait : la mauvaise gouvernance est due en partie au fait que les Gouvernants n'ont pas de compte à rendre à leurs populations, ceci est lié au fait que les institutions en charge de ce contrôle, principalement les Parlements, et pouvant constituer des « contre-pouvoirs » ne remplissaient pas leur mission ; qu'ainsi il était impérieux que des contrôles efficaces soient institués, que la parole soit redonnée aux peuples par des élections libres et transparentes afin que les gouvernants rendent compte de leur gestion de la chose publique. L'instauration de régimes démocratiques et la promotion des droits de l'Homme sont des moyens susceptibles d'asseoir la bonne gouvernance et l'État de droit et donc de conduire au développement.

Dans le cadre de la mise en place d'un État de Droit, un rôle important doit être accompli par les Parlements Nationaux car ceux-ci disposent des outils constitutionnels pouvant leur permettre la mise en place de réformes, le contrôle de l'action du Gouvernement, faut-il, cependant qu'eux-mêmes adhèrent au constitutionnalisme et ne soit pas de simples chambres d'enregistrement.

Assurer la suprématie de la Constitution

L'enjeu principal de l'adhésion au constitutionnalisme est d'assurer la suprématie de la Constitution.

Les défis à relever dans le cadre de la promotion d'un État de Droit tournent autour de deux grandes questions : les questions de paix et de sécurité et l'obligation pour les gouvernants de rendre des comptes de leur gestion à leurs populations, rendre compte soit directement soit à travers les représentations nationales. Pour se faire, il est nécessaire d'instaurer un contrôle démocratique du secteur de la sécurité, de favoriser la promotion de la justice et la lutte contre l'impunité, et de favoriser la démocratie participative. L'action des Parlements et leur place dans ce chantier sont primordiales.

L'adhésion du Parlement au constitutionnalisme : un passage obligé dans la construction de l'État de Droit

Cette adhésion au constitutionnalisme passe par deux étapes préalables pour le parlementaire : être bien élu et une fois élu, servir l'intérêt général.

Cette adhésion passe en effet d'abord par la participation à des élections libres et transparentes et, une fois élu, le parlementaire doit avoir pleinement conscience qu'il représente la Nation tout entière.

Les Assemblées sont nées en France sous l'Ancien Régime par l'institution des assemblées d'États Généraux par Philippe le Bel en 1302 selon trois Ordres : la Noblesse, le Clergé et le Tiers-État. Les députés portaient dans des cahiers les doléances des habitants des circonscriptions (sorte de referendum par députation). Les députés avaient donc un mandat impératif, raison pour laquelle on parlait de *députés*, et non de *représentants*.

Sous la Révolution française, au sein des États Généraux convoqués par Louis XVI, les députés vont prendre deux décisions majeures : ils transforment leur mandat impératif en mandat représentatif ; ils s'autoproclament '*représentants de la nation assemblée*', d'où la notion d'*Assemblée nationale*, et ne sont plus alors les représentants de leur seule circonscription. Ainsi, le député, bien qu'élu dans un cadre géographique restreint, sa circonscription, est l'élu de la Nation : il agit et parle désormais au nom de l'intérêt général.

Une fois bien élu, le parlementaire doit servir l'intérêt général et non des intérêts particuliers, ce qui n'est pas toujours évident, car le parlementaire pense souvent à sa réélection et pour cela il lui faut satisfaire son électoral en priorité.

Une fois que le Parlementaire lui-même est convaincu que le constitutionnalisme est la voie royale pour accéder à l'état de droit et à la démocratie, il doit alors œuvrer pendant la législature dans le sens de la promotion de la suprématie de la Constitution.

Pendant la législature, œuvrer pour assurer la suprématie de la Constitution

Assurer la suprématie de la Constitution c'est la respecter et la faire respecter.

Respecter la Constitution pour le parlementaire c'est en priorité jouer le rôle qui lui est dévolu : voter la loi, contrôler l'action du Gouvernement et donc respecter la séparation des pouvoirs, mais aussi leur collaboration, mais ne jamais mener des actions allant dans le sens de la confusion des pouvoirs qui est proscrite par la Constitution.

Faire respecter la Constitution, c'est d'abord respecter les décisions de la Haute Juridiction constitutionnelle et s'en référer à elle dans le respect des textes. Les décisions du juge constitutionnel sont sans recours, le constituant l'a voulu ainsi.

Faire respecter la Constitution, c'est également promouvoir l'obligation de rendre compte, veiller à ce que le pouvoir exécutif rende compte de sa gestion et utiliser à cet effet les mécanismes de contrôle mis à la disposition des Parlements par la Constitution.

▶ B RENFORCER LE CONTRÔLE DÉMOCRATIQUE DU SECTEUR DE LA SÉCURITÉ

Le lien est établi désormais entre démocratie, État de droit, paix et sécurité et développement.

1. Le concept de sécurité

Au fil des années on est passé d'un concept restreint dans lequel la sécurité visait essentiellement la protection de la Nation à un concept plus global incluant divers aspects de la sécurité et prenant en compte les besoins des populations et le respect des droits de l'Homme.
La Sécurité Nationale et la Défense Nationale sont une exigence de souveraineté, la sécurité collective (un contre tous, tous contre un) est une exigence du maintien de la paix et de la sécurité internationales. Contrairement à la Sécurité Nationale, la sécurité collective s'inscrit dans le cadre international faisant ainsi intervenir plusieurs États. Il en sera de même de la Défense collective. La Défense collective (un pour tous, tous pour un) est une exigence de la sécurité régionale et dans ce cadre des Accords de défense sont conclus par les États en vue de renforcer leur sécurité mutuelle.

La Sécurité Humaine, quant à elle, est une exigence de la démocratie et des droits de l'Homme.

Pour un État, « être en sécurité », c'est n'être pas en guerre et être en mesure de faire face à une agression pour défendre son territoire et sa population. Cette sécurité est illustrée par les termes suivants : « *À l'abri de la peur* », « *à l'abri du besoin* ».

Ce concept de sécurité humaine a été développé à partir des années 1990. Il se situe dans le cadre de la protection des droits de l'Homme. Il fait référence à un certain nombre de droits qu'il convient d'assurer et de protéger : le droit à la vie, le droit à la santé, le droit à la sécurité… Il intègre donc plusieurs aspects de la vie et s'inscrit dans un contexte de développement économique et social.

Le concept élargi de sécurité humaine est désormais à la base de la réforme des systèmes de sécurité, de reconstruction nationale et de réconciliation. Cependant, les trois concepts doivent être promus.

2. L'objectif du contrôle démocratique du secteur de sécurité : concilier les besoins sécuritaires et la nécessité de respecter les valeurs démocratiques et les droits de l'Homme.

En effet, l'usage de la force comporte souvent des dérives totalitaires. Celui qui détient une arme possède le moyen, et même le pouvoir, de s'imposer aux autres par la force et parfois par la terreur.

C'est pourquoi, la grande question que soulève le contrôle démocratique de la sécurité est : comment faire en sorte que les Forces de Défense et de Sécurité, qui ont un rôle de défense et de protection important à remplir, ne finissent par utiliser le pouvoir qu'elles détiennent contre ceux qu'elles sont censées protéger d'une part ou contre d'autres États en violation des dispositions internationales ? Pour cela, le meilleur moyen est le contrôle de l'usage de la force, ce contrôle doit se situer dans le cadre de la Constitution et des lois nationales et internationales, donc dans le cadre de l'État de Droit et de la bonne gouvernance.

3. Les acteurs et les moyens du contrôle démocratique du secteur de la Sécurité

Il s'agit en priorité d'acteurs nationaux, mais également d'acteurs régionaux ou internationaux.

Deux principes sont à la base du contrôle démocratique du secteur de sécurité : au niveau interne, le principe de la soumission des Forces de Défense et des Forces de Sécurité au pouvoir civil et au niveau international : la soumission des Forces de Défense et des Forces de Sécurité aux Traités Internationaux ratifiés ou approuvés par l'État.

La Constitution définit les moyens de contrôle dont dispose les représentants du peuple dans ce domaine, et qui le plus souvent sont : le vote des lois : pour l'organisation générale de la défense nationale, l'organisation générale de la justice et du régime pénitentiaire, de l'administration des collectivités territoriales, et le vote de la loi des finances, la mise en place d'une Commission parlementaire en charge des ques-

tions de Défense et de sécurité, l'usage des moyens de contrôle de l'action gouvernementale dont dispose l'Assemblée : la question de confiance, la question orale, la question écrite, l'audition en commission, la commission d'enquête et de contrôle, l'interpellation, la motion de censure. En outre, le parlement est, seul, habilité à autoriser la déclaration de guerre.
Les autres acteurs du contrôle démocratique du secteur de sécurité sont le pouvoir exécutif, la Cour Constitutionnelle, le pouvoir judiciaire, les Médias, les partis politiques et la société civile et enfin le citoyen.

II- CONSTRUIRE LA NATION CENTRAFRICAINE

La République Centrafricaine est à la croisée des chemins. L'enjeu est de construire la nation centrafricaine autour de la Constitution.

Les bases du contrôle démocratique sont jetées, il reste aux pouvoirs publics et aux citoyens, avec l'appui de la Communauté Internationale, à saisir cette opportunité afin de bâtir une République Centrafricaine qui soit plus stable, plus démocratique, plus sure, plus équitable !

Pour cela, il faut construire la nation centrafricaine, car l'unité nationale est primordiale. Il nous semble que cette construction doit reposer sur les axes suivants :
Il faut d'abord avoir à l'esprit l'interdépendance des problèmes et des solutions. Ceci a été très bien compris par Koffi Annan lorsqu'il déclarait à la tribune des Nations Unies :

> « *Il n'y a pas de développement sans sécurité, il n'y a pas de sécurité sans développement, et il ne peut y avoir ni sécurité ni développement si les droits de l'homme ne sont pas respectés* ».

(Koffi Annan, rapport AG des Nations Unies A/59/2005. 21 mars 2005)

▶ A- CONSTRUIRE LA NATION CENTRAFRICAINE AUTOUR DE LA CITOYENNETÉ ET DE LA LAÏCITÉ

La nation fait référence à des critères essentiellement subjectifs, ce sont cependant ces critères qui constituent le ciment et la base de l'unité nationale. Lorsqu'il y a distorsion entre l'État et la nation, l'unité nationale est fragile et tout comme la Nation se construit dans le temps, année après année, l'unité nationale également.

Le citoyen doit avoir le sentiment d'une solidarité le liant à ses compatriotes, le sentiment d'appartenance à une même Nation qui est la base de l'unité nationale, le sentiment de partager les mêmes traditions, la même culture tout ceci dans le respect des diversités et des différences qui peuvent exister.

Si l'État peut naître en un jour, ainsi, la délibération 199/58 de l'Assemblée Territoriale de l'Oubangui-Chari a proclamé le Territoire de l'Oubangui-Chari « État membre de la Communauté » et l'a intitulé « République Centrafricaine » ; la Nation, elle, est en perpétuelle construction, cette construction s'étale dans le temps, c'est une œuvre de longue haleine, la Nation ne se décrète pas.

Dans les jeunes États issus des Indépendances, la nation était inexistante, elle n'a pas précédé la naissance de l'État, mais au contraire c'est sur le socle de l'État que la nation doit se construire.

Ainsi, un État démocratique et respectueux des diversités de pensée ou de religions est un État laïc, un État rassembleur qui unit ses nationaux autour de grandes valeurs. Pour pouvoir construire l'unité nationale, l'État doit respecter l'égalité de ses citoyens, lutter contre toutes discriminations, notamment ethniques, qui sont sources de divisions.

Diversité d'ethnies, diversité de religions, c'est la configuration de la société centrafricaine.

La République centrafricaine doit définir sa conception de la laïcité et de la nationalité

En période de crise et en période de pauvreté, les différences sont exacerbées. On assiste à un repli identitaire, son ethnie, son clan devenant alors un « refuge » un espace où l'on se sent en sécurité. Le rejet ou la méfiance des autres s'installent et se cristallise, la confiance disparaît en même temps que le sentiment d'unité.

Qui est citoyen centrafricain ? On serait tenté de dire que le Code de nationalité répond à cette question, mais on se rend compte que celui-ci comporte beaucoup de zones d'ombre et que la population centrafricaine semble avoir une conception très particulière et très restrictive du citoyen.
Il devient impérieux qu'un consensus national se dégage autour de l'idée que l'on se fait du citoyen centrafricain.

▶ B- CONSTRUIRE LA NATION CENTRAFRICAINE PAR LA JUSTICE ET LA LUTTE CONTRE L'IMPUNITÉ

Le peuple centrafricain a été exacerbé par les injustices qu'il a subies, par les discriminations qui l'ont meurtri et par les inégalités. Il faut replacer l'Homme au cœur des préoccupations et l'intérêt national doit guider les actions des dirigeants.

Les Institutions de la République ont été longtemps au service d'un homme et n'ont pu de ce fait jouer le rôle qui leur était dévolu, particulièrement l'Assemblée Nationale, simple caisse de résonnance la plupart du temps, incapable de prendre l'initiative d'une loi, dominée par une majorité présidentielle souvent issue d'élections contestables, elle n'a pu jouer son rôle régulateur et n'a représenté qu'elle-même et non le peuple centrafricain. Des institutions fortes sont très certainement une des clés de la sortie de crise en République Centrafricaine.

Le citoyen, quant à lui, n'a pu participer de façon efficace à la vie politique ceci pour plusieurs raisons liées notamment à ses conditions de vie plus que précaires, mais aussi au fait que les populations sont très peu alphabétisées. L'analphabétisme, l'illettrisme, le manque de formation sont un handicap sérieux à la participation du citoyen à la vie politique et au développement de son Pays.

La justice centrafricaine est décriée, les citoyens ne croient plus en leur justice ni en leur système judiciaire. Ceci est le résultat d'une lente descente aux enfers de la justice centrafricaine pour plusieurs raisons, notamment les multiples dysfonctionnements du système dus, entre autres, au manque de moyens cela n'expliquant cependant pas tout. L'une des conséquences de tous ces dysfonctionnements est l'impunité généralisée, ce qui a favorisé la justice privée et les exécutions extrajudiciaires.

Il est urgent de lutter de façon efficace contre l'impunité et d'améliorer le fonctionnement du système judiciaire. Face à toutes les exactions commises sur les populations et sur leurs biens tant par les groupes armés que par des individus sans foi ni loi, l'État centrafricain a compris la nécessité de cette réforme. Afin de sanctionner les exactions commises pendant le conflit, la Cour Pénale Spéciale, créée avec l'appui de la Communauté Internationale, doit contribuer à la lutte contre l'impunité.

Il s'agit d'une Juridiction qui comprendra des magistrats nationaux et internationaux et devra juger les crimes internationaux, les crimes de guerre, les crimes contre l'humanité et le génocide. Cette Cour a été créée par la loi organique n° 15.003 du 03 juin 2015, il s'agit à présent de la faire fonctionner, le gouvernement s'y attèle. Il est vrai cependant que cette cour ne pourra pas connaître de toutes les exactions commises et ne pourra pas juger tous les criminels, c'est pour cela que la mise en place de façon complémentaire d'une justice transitionnelle est nécessaire.

Plus de justice, plus d'équité sont indispensables. Le juge garant des libertés est le dernier rempart contre l'arbitraire. Lorsque la justice connaît de graves dysfonctionnements, ceci aboutit à des frustrations, a des iniquités. Une justice injuste fait le lit de la division, une justice dépravée est source d'instabilité et de destruction du tissu social. Le bon fonctionnement de la justice est l'un des piliers de l'État de Droit.

Dans les pays qui connaissent des conflits armés non internationaux et qui doivent faire face à des mouvements de rébellion, la question du vote d'une loi d'amnistie finit toujours par se poser : les parlementaires doivent alors faire un choix entre la nécessité de lutter contre l'impunité et de tenir compte des victimes et les préoccupations opposées qui sont celles de pardonner pour préserver la paix sociale. On constate que les lois d'amnistie n'ont jamais contribué à un retour définitif à la paix, celle-ci reste toujours précaire, ceux à qui l'on a accordé le pardon de la société récidivent très souvent, le grand perdant restant alors le Peuple meurtri, les victimes et leurs aspirations à plus de justice sont alors bafouées. Il y a lieu également de garder à l'esprit que les lois d'amnistie ne peuvent concerner les crimes de guerre, les crimes contre l'humanité et les crimes de génocide et pourtant, par la force des choses, elles finissent parfois par les absoudre !!!

▶ C- CONSTRUIRE LA NATION CENTRAFRICAINE PAR LE DÉVELOPPEMENT DE L'ÉDUCATION ET DE LA CULTURE DÉMOCRATIQUE

Il est impératif pour que la République centrafricaine puisse aller vers le développement et améliorer les conditions de vie de ses citoyens que ceux-ci soient éduqués, formés, alphabétisés. Un peuple analphabète ou peu alphabétisé n'est pas un peuple averti, capable de participer efficacement au développement et à la reconstruction nationale. Les populations doivent être en mesure également de participer de façon efficace à leur propre promotion et bien être et à la protection et au respect de leurs droits. Développer l'esprit de tolérance, le respect des valeurs, le respect de l'autre et le civisme est impératif si l'on veut construire une nation solide, prospère, stable et juste.

CONCLUSION

La République Centrafricaine connaît, particulièrement depuis 1996, une crise profonde, des coups d'État, des rébellions, des soubresauts qui ont gravement affecté la cohésion nationale et le développement du Pays.

Les espoirs suscités par le retour à l'ordre constitutionnel après trois ans de Transition constitutionnelle sont à la dimension des déceptions et des souffrances subies par le Peuple Centrafricain tout au long de ces années. Loin de pousser au pessimisme, chacun veut y croire et chacun doit y croire.

Des questionnements sont apparus quant à la responsabilité de l'élite centrafricaine dans la descente aux enfers de la République Centrafricaine, elle a sans doute sa part de responsabilité, mais elle n'est pas la seule en cause.

Il n'est pas aisé, une fois que le constat est dressé, de proposer des solutions propres à aider la RCA à se relever, nous en avons proposé quelques-unes qui sont loin d'être exhaustives, cependant, une attention particulière à l'avenir doit être portée à la jeunesse centrafricaine qui est l'avenir de toute société et qui, pour l'instant, ne trouve pas encore la place qui lui revient dans la société centrafricaine.

La tâche est immense, les défis sont grands, mais ils ne sont pas insurmontables et il y va de l'intérêt du peuple centrafricain !

BIBLIOGRAPHIE

ACCPUF, *Le citoyen et la justice constitutionnelle*, 6ème Congrès, Marrakech- juillet 2012, OIF, Août 2015, 471 p.

AIVO Frédéric Joël, *La Constitution béninoise du 11 décembre 1990 : un modèle pour l'Afrique ?* L'Harmattan, Études Africaines, août 2014, 798 pages

AIVO Frédéric Joël, *Le juge constitutionnel et l'État de Droit en Afrique : l'exemple du modèle béninois*, L'Harmattan, avril 2006, 222 p.

AVRIL P. et GICQUEL J., *Lexique de droit constitutionnel*, Que sais-je ? PUF, quatrième édition 2014, 127 p.

COGNAC Gérard, DREYFUS Françoise, MONTEIRO José Oscar, *L'Afrique du Sud en Transition* ECONOMICA, 1995, 352 p.

DEBBASCH Charles, *La Constitution de la Vème République*, DALLOZ, 2014.

De BRUYNE Paul, NKULU KABAMBA Olivier, *La gouvernance nationale et locale en Afrique subsaharienne*, L'Harmattan, Études Africaines, Novembre 2001, 168 p.

DE PRINCE POKAM Hilaire, *Communauté Internationale et Gouvernance démocratique en Afrique, Affaires stratégiques*, L'Harmattan, 2014, 74 p.

DRAGO G., *Contentieux constitutionnel français*, Thémis, Droit PUF 2ème édition 2006 759 p.

DUVERGER Maurice, *Institutions Politiques et Droit Constitutionnel, Les grands systèmes politiques*, Montchrétien, 15ème édition, 1997.

FAVOREUX Louis, *Droit Constitutionnel*, Précis DALLOZ, 3ème édition 2000.

Francophonie et démocratie textes de référence, Pédone, 607 p.,

GALY Michel, SANNELLA Elena, *Les défis de l'État en Afrique*, L'Harmattan, avril 2017, 208 p.

GICQUEL Jean, GICQUEL Jean Éric, *Droit constitutionnel et institutions politiques*, Domat Droit Public 22ème édition Montchrestien, 2008, 798 p.

GOMINA PAMPALI Laurent, *Les miraculés du boulevard Charles De Gaulle*, Clé Yaoundé, 2009, 91 p.

GOUGA III Jeannot Christophe, *Barthélémy Boganda, Sa pensée et son combat politique*, Presses de l'UCAC, 2013, 192 p.
HESSELING Gerti, *A l'ombre du droit*, sous la direction de Mouhamadou Moustapha AIDARA, L'Harmattan, 2013, 246 p.
JEOL, *La réforme de la justice en Afrique Noire*, Pédone, 1963, 183 p.
Lexique des Termes juridiques 2014-2015 DALLOZ, 22ème édition, 1057 p.
MBORANTSUO Marie Madeleine, *La contribution des cours constitutionnelles à l'État de Droit en Afrique*, ECONOMICA, 2007, 365 p.
Ministère de la Défense, République Française, *Sangaris Centrafrique juin à septembre 2014*, ecpad, 150 p.
MOUHAMADOU MOUNIROU SY, *La protection constitutionnelle des droits fondamentaux en Afrique. L'exemple du Sénégal*, L'Harmattan, Études Africaines, 2007, 562 p.
Répertoire des Lois centrafricaines 1958-1997, Secrétariat Général du Gouvernement, Editions PIS-YOTIGAM, RCA, 30p.
République Centrafricaine, Cour Constitutionnelle, Recueil des décisions et Avis 2006-2010, 312 p.
OIF, *Francophonie et démocratie, Textes de références*, Pédone, 607 p.
ROSSATANGA-RIGNAULT, Guy, *Qui t'a fait roi ? Légitimité, élections et démocratie en Afrique*, Sépia, novembre 2011, 172 p.
SONGUEL Blondin**,** *Les ailes de l'espoir*, 2016, 155 p.
SONGUEL Blondin, *L'itinéraire tragique*, CREA, 2016, 159 p.
The World Bank, *The Central African Republic Hope and Resilience*, World Bank Group, ai, 2017, Presses de l'imprimerie e-center France.
YARAFA Irénée, *Défis sécuritaires et gouvernance en République Centrafricaine*, Mémoire Master II, Université d'Auvergne, Année universitaire 2013-2014, 139 p.

Sites consultés

Site de la bibliothèque numérique de la Bibliothèque Nationale de France (BNF) Gallica, www.bnf.fr, gallica.bnf.fr
Site Légifrance : www.legifrance.gouv.fr
Site de l'ONU : onu.org

Site de l'UA : africa-union.org
Site de la CEEAC : www.ceeac-eccas.org
Site de la CEMAC : www.cemac.org

Journaux Officiels

Journal Officiel de la République Centrafricaine (JORCA)
Journal Officiel de l'AEF (JOAEF)
Journal Officiel de la République Française (JORF)

TABLE DES MATIÈRES

La Centrafrique
aux éditions L'Harmattan

Dernières parutions

VOYAGE APOSTOLIQUE DU PAPE FRANÇOIS EN CENTRAFRIQUE
Bondobo Mathieu Fabrice Evrard
Préface de Dieudonné Cardinal Nzapalainga
Quels impacts le passage du Pontife romain peut-il avoir sur la vie de chaque fille et fils de la Centrafrique ? Que disent les Centrafricains du passage du Pape François trente ans après celui de Jean-Paul II ? Ces interrogations ont conduit au projet de ce livre, qui se veut un recueil de la visite du pape François en Centrafrique.
(Coll. Églises d'Afrique, 36.00 euros, 350 p.)
ISBN : 978-2-343-11232-9, ISBN EBOOK : 978-2-14-003913-3

LA RÉPUBLIQUE CENTRAFRICAINE À LA CROISÉE DES CHEMINS DU DROIT
Entre droit coutumier, droit de sécurité, force du droit positif et droit de la force
Doui-Wawaye Augustin Jérémie - Préface de Philippe Icard
En RCA l'état du droit doit être retravaillé à plusieurs niveaux : la production des normes, leur réception, leurs modalités de mise en œuvre, les incompréhensions qu'elles peuvent susciter, les insuffisances qu'elles peuvent comporter, leur intégration dans les structures sociopolitiques. Le recours à la sociologie et l'anthropologie juridique s'impose. La justice reste l'un des domaines d'activités les plus difficiles à faire évoluer en RCA car elle englobe tout ce qui concerne la vie du peuple.
(Coll. Études africaines, 22.50 euros, 224 p.)
ISBN : 978-2-343-11425-5, ISBN EBOOK : 978-2-14-003209-7

CENTRAFRIQUE, UN VRAI-FAUX DÉPART
Cas atypique d'un mal africain
Parse Rigo-Beyah
Le Centrafrique, blotti au cœur de l'Afrique, est un condensé de contradictions, de mauvais choix, d'arrimage malsain et d'instabilité permanente. Au lendemain du coup d'État du 24 mars 2013 qui a plongé le pays dans un chaos sans précédent, celui-ci s'est engagé à se doter d'une nouvelle Constitution, une de plus qui s'ajoute à la production exceptionnellement riche en ce demi-siècle.

Celle-ci a fini par être un échec, tant dans sa démarche, sa conception que par son contenu. Ignorant l'histoire, la sociologie et les besoins réels de son peuple, la tentative a été donc loin d'assurer au pays les conditions viables d'un décollage effectif.
(27.00 euros, 258 p.)
ISBN : 978-2-343-10879-7, ISBN EBOOK : 978-2-14-002897-7

INVENTION DE LA DÉMOCRATIE ET DE LA CITOYENNETÉ EN CENTRAFRIQUE
Dangabo Moussa Abdou
Ce travail vise à analyser les expériences locales d'invention démocratique dans une société post-conflit et à appréhender les différents acteurs de terrain (partis politiques, sociétés civiles, ONG) dans la quête citoyenne et dans la démarche de paix. L'auteur pense qu'il est possible d'instaurer une démocratie solide en Centrafrique à condition que les acteurs sociopolitiques trouvent un compromis et que les citoyens soient associés à la gestion de la vie politique, sociale et culturelle.
(Coll. Études africaines, 23.00 euros, 222 p.)
ISBN : 978-2-343-01235-3, ISBN EBOOK : 978-2-336-37255-6

L'INSÉCURITÉ EN RÉPUBLIQUE CENTRAFRICAINE
Quel rôle pour le droit international ?
Doui-Wawaye Augustin Jérémie
En République centrafricaine tout porte à croire que la solution à une crise se trouve au bout du fusil. C'est pourquoi chaque coup d'État en chasse un autre. Et l'usurpation du pouvoir est marquée par la terreur, la cupidité et le mépris du droit et des règles morales. La République centrafricaine produit donc une insécurité incontrôlable tant à l'intérieur du territoire que pour la stabilité de la sous-région d'Afrique centrale. Le droit international doit agir.
(Coll. Études africaines, 14.00 euros, 132 p.)
ISBN : 978-2-343-05709-5, ISBN EBOOK : 978-2-336-37140-5

RÉPUBLIQUE CENTRAFRICAINE
Douanes et corruption, causes de la déliquescence du pays ?
Pascal Lionel
Les États en développement ont des recettes essentiellement basées sur les taxes prélevées aux frontières sur les marchandises. Aussi, afin de les améliorer, les Organisations Internationales recommandent une privatisation partielle des missions. La RCA a poussé cette privatisation à l'ensemble des missions douanières. Si sa situation actuelle découle de l'absence d'une administration des douanes solide, l'auteur l'explique aussi par l'absence de réactions des organisations internationales.
(Coll. Études africaines, série Administration, 47.50 euros, 488 p.)
ISBN : 978-2-343-05297-7, ISBN EBOOK : 978-2-336-36877-1

DIALOGUE (LE) ISLAMO-CHRÉTIEN EN CENTRAFRIQUE
Ndéma Justin
Pour éviter toutes sortes de manipulations du religieux par le politique, et surtout pour prévenir les risques d'un conflit interreligieux en République centrafricaine,

cet ouvrage propose une médiation de l'humanité du Christ comme chemin du dialogue islamo-chrétien. Qu'est-ce que nous disons du Christ qui nous permette d'entrer en dialogue avec les autres croyants ?
(Coll. Croire et savoir en Afrique, 17.00 euros, 166 p.)
ISBN : 978-2-343-04304-3, ISBN EBOOK : 978-2-336-36095-9

L'ÉGLISE ET LA DÉMOCRATIE EN CENTRAFRIQUE
Appora-Ngalanibé Richard
Cet ouvrage se propose d'étudier les Lettres pastorales publiées lors de la Conférence Épiscopale Centrafricaine pour dire la position de l'Église et accompagner le processus démocratique en Centrafrique, régulièrement mis à mal par d'interminables rebellions et coups d'État ces dernières décennies. Ces lettres constituent un témoignage éloquent de la participation de l'Église centrafricaine à l'éveil d'une conscience lucide et responsable de la population.
(Coll. Croire et savoir en Afrique, 12.00 euros, 104 p.)
ISBN : 978-2-343-04305-0, ISBN EBOOK : 978-2-336-36104-8

CENTRAFRIQUE
La dérive singulière
De Sassara Honki
L'histoire de la Centrafrique est une suite de drames humains qui se déroulent loin des regards et dont on parle à peine. En 1905, le pays est intégré à l'AEF comme colonie française et va connaître le système colonial le plus féroce. En 1959, à la veille de l'Indépendance, l'équipe politique est décimée par un attentat et les médiocres ne cesseront ensuite de se coopter entre eux à la tête du pays, jusqu'à aujourd'hui.
(18.50 euros, 190 p.)
ISBN : 978-2-343-03193-4, ISBN EBOOK : 978-2-336-35381-4

REPENSER LA SÉCURITÉ EN RÉPUBLIQUE CENTRAFRICAINE
Doui-Wawaye Augustin Jérémie
En République centrafricaine, la lutte obsessionnelle pour le pouvoir et la guerre civile ont provoqué massacres, tensions intercommunautaires et haines viscérales. Mais comment sortir de cette fatalité ? Le défi à relever serait d'amorcer une réconciliation entre les couches sociales fracturées, rétablir la confiance entre les Centrafricains et leurs leaders et restaurer l'autorité des institutions étatiques. Il faudrait aussi redéfinir le mot : sécurité.
(Coll. Études africaines, 12.00 euros, 104 p.)
ISBN : 978-2-343-04140-7, ISBN EBOOK : 978-2-336-35696-9

RÉPERTOIRE DE L'ADMINISTRATION TERRITORIALE DE LA RÉPUBLIQUE CENTRAFRICAINE
Serre Jacques, Fandos-Rius Juan
Le présent travail trace l'évolution du commandement des différentes unités administratives, aujourd'hui préfectures et sous-préfectures, de la République Centrafricaine depuis leur création jusqu'à nos jours. Le répertoire est accompagné des notes historiques dans l'optique des découpages des unités administratives.

Au présent la République Centrafricaine veut s'engager dans une politique de la décentralisation et de la régionalisation en faveur de la démocratie locale et d'une administration plus proche des administrés.
(19.50 euros, 294 p.)
ISBN : 978-2-343-01298-8, ISBN EBOOK : 978-2-336-35580-1

DE L'OUBANGUI-CHARI À LA RÉPUBLIQUE CENTRAFRICAINE INDÉPENDANTE
Simiti Bernard
La République centrafricaine, ex Oubangui-Chari, a célébré le 13 août 2010 le cinquantenaire de son accession à la souveraineté internationale. Cette marche vers l'indépendance s'inscrit dans le contexte global de revendications de l'autonomie politique par les anciennes colonies françaises d'Afrique. Cet ouvrage est une justice faite à Barthélemy Boganda, leader de la lutte pour l'indépendance et fondateur de la République centrafricaine.
(Coll. Études africaines, 10.50 euros, 66 p.)
ISBN : 978-2-336-29347-9, ISBN EBOOK : 978-2-296-53187-1

OÙ EN EST L'URBANISATION EN CENTRAFRIQUE ?
Mossoa Lambert
C'est ce phénomène prodigieux d'un monde nouveau en gestation dans les villes centrafricaines que l'auteur a essayé d'observer et de comprendre, et c'est dans une perspective géographique qu'il a tenté d'en aborder l'étude. L'objectif est de fournir une première réponse toute provisoire et imparfaite qu'elle soit, à cette seule question : où en est l'urbanisation en Centrafrique ?
(12.50 euros, 118 p.)
ISBN : 978-2-343-03864-3, ISBN EBOOK : 978-2-336-35737-9

LA TROUPE DE BEMBA ÉTAIT TOMBÉE SUR NOS TÊTES
Bepou-Bangue Johanes Arnaud
Pays peu peuplé, la République de Centrafrique a été secouée par une énième tentative de putsch en octobre 2002. Pour renforcer l'armée loyaliste affaiblie, les autorités en place ont fait appel à une rébellion étrangère en renfort : Le Mouvement de la Libération du Congo (MLC) de Jean-Pierre Bemba Gombo. Les hommes de la troupe ont commis viols, pillages et autres exactions. L'auteur se remémore des souvenirs pénibles et révèle sa version des faits.
(10.00 euros, 68 p.)
ISBN : 978-2-296-99552-9, ISBN EBOOK : 978-2-296-51702-8

Structures éditoriales du groupe L'Harmattan

L'Harmattan Italie
Via degli Artisti, 15
10124 Torino
harmattan.italia@gmail.com

L'Harmattan Hongrie
Kossuth l. u. 14-16.
1053 Budapest
harmattan@harmattan.hu

L'Harmattan Sénégal
10 VDN en face Mermoz
BP 45034 Dakar-Fann
senharmattan@gmail.com

L'Harmattan Cameroun
TSINGA/FECAFOOT
BP 11486 Yaoundé
inkoukam@gmail.com

L'Harmattan Burkina Faso
Achille Somé – tengnule@hotmail.fr

L'Harmattan Guinée
Almamya, rue KA 028 OKB Agency
BP 3470 Conakry
harmattanguinee@yahoo.fr

L'Harmattan RDC
185, avenue Nyangwe
Commune de Lingwala – Kinshasa
matangilamusadila@yahoo.fr

L'Harmattan Congo
67, boulevard Denis-Sassou-N'Guesso
BP 2874 Brazzaville
harmattan.congo@yahoo.fr

L'Harmattan Mali
Sirakoro-Meguetana V31
Bamako
syllaka@yahoo.fr

L'Harmattan Togo
Djidjole – Lomé
Maison Amela
face EPP BATOME
ddamela@aol.com

L'Harmattan Côte d'Ivoire
Résidence Karl – Cité des Arts
Abidjan-Cocody
03 BP 1588 Abidjan
espace_harmattan.ci@hotmail.fr

L'Harmattan Algérie
22, rue Moulay-Mohamed
31000 Oran
info2@harmattan-algerie.com

L'Harmattan Maroc
5, rue Ferrane-Kouicha, Talaâ-Elkbira
Chrableyine, Fès-Médine
30000 Fès
harmattan.maroc@gmail.com

Nos librairies en France

Librairie internationale
16, rue des Écoles – 75005 Paris
librairie.internationale@harmattan.fr
01 40 46 79 11
www.librairieharmattan.com

Librairie l'Espace Harmattan
21 bis, rue des Écoles – 75005 Paris
librairie.espace@harmattan.fr
01 43 29 49 42

Lib. sciences humaines & histoire
21, rue des Écoles – 75005 Paris
librairie.sh@harmattan.fr
01 46 34 13 71
www.librairieharmattansh.com

Lib. Méditerranée & Moyen-Orient
7, rue des Carmes – 75005 Paris
librairie.mediterranee@harmattan.fr
01 43 29 71 15

Librairie Le Lucernaire
53, rue Notre-Dame-des-Champs – 75006 Paris
librairie@lucernaire.fr
01 42 22 67 13

www.ingramcontent.com/pod-product-compliance
Lightning Source LLC
LaVergne TN
LVHW021216061026
849535LV00008B/2765
* 9 7 8 2 3 4 3 1 5 4 1 8 3 *